P. FROUM

(Conserve la couverture)

RECHERCHES

SUR

8899

LA MENTALITÉ HUMAINE

8899

(SES ÉLÉMENTS, SA FORMATION, SON ÉTAT NORMAL)

La science n'est que le prolongement du bon sens universel.

Aug. COMTE

EN VENTE

AUX BUREAUX DE LA « REVUE OCCIDENTALE »

10, rue Monsieur-le-Prince

PARIS

RECHERCHES

SUR

LA MENTALITÉ HUMAINE

(SES ÉLÉMENTS, SA FORMATION, SON ÉTAT NORMAL)

TOURS, IMP. PAUL BOUSREZ.

P. FROUMENT

RECHERCHES

SUR

LA MENTALITÉ HUMAINE

(SES ÉLÉMENTS, SA FORMATION, SON ÉTAT NORMAL)

> La science n'est que le prolongement du bon sens universel.
>
> Aug. COMTE

EN VENTE

AUX BUREAUX DE LA « REVUE OCCIDENTALE »

10, rue Monsieur-le-Prince

, PARIS

PRÉFACE

Le développement de nos connaissances positives, si lent dans l'antiquité, a suivi, depuis le XVIIᵉ siècle, un mouvement d'une rapidité croissante. Et en même temps que chaque ordre d'étude se complétait, notre exploration consciente envahissait de nouveaux domaines. C'est ainsi que les recherches scientifiques furent 'étendues aux lois du mouvement et de la pesanteur par Galilée, à la gravitation par Newton, à l'électricité par Franklin et Volta, à la chimie par Lavoisier, à la biologie par Bichat, à la psychologie par Gall, à la sociologie et à la morale par Comte, pour ne citer que les types les plus éminents.

L'étude de l'intelligence suivit le mouvement général. Instaurée par le génie grec, elle prit dès le début la forme dualiste que nous lui trouvons encore de nos jours. Aristote, dans sa formule célèbre : *rien n'est dans l'entendement qui n'ait passé par les sens*, posa en principe la prédominance du monde extérieur, alors que les idéalistes, au contraire, prenant les idées humaines comme bases de leurs spéculations, ne considérèrent le monde extérieur que comme une projection de notre monde interne.

Reprise au moyen âge, où elle donna lieu aux grandes querelles des Réalistes et des Nominalistes, cette double conception de l'intelligence servit de thème à tous les psychologues jusqu'au jour où Gall, par la détermination du siège de la mentalité, introduisit dans la discussion un élément nouveau qui assura du coup la prédominance aux sensualistes, en mettant en lumière d'une façon indiscutable la justesse de la formule aristotélienne.

Dès lors, le terrain de l'étude se trouva déplacé. Au lieu de n'examiner, comme précédemment, que les éléments sensoriels, une nouvelle école se forma qui prit pour base de ses spéculations l'appareil cérébral. Elle ne considéra les organes sensitivo-moteurs que comme des annexes, et elle s'efforça de déterminer la fonction d'après l'organe. Cette école rendit d'immenses services en développant d'une façon considérable nos connaissances anatomiques et physiologiques sur le système nerveux.

Cependant la découverte des lois de l'activité mentale ne put encore être effectuée. Aussi la vieille philosophie des entités qui semblait, au début, devoir être définitivement vaincue, conserva-t-elle comme dernier retranchement ce terrain que la psycho-anatomie n'avait pas su conquérir.

C'est alors qu'Auguste Comte, avec son clair génie, se rendit compte que la réaction avait été trop violente et la physiologie trop sacrifiée à l'anatomie. Reprenant le problème en faisant une part plus équitable au premier de ces deux éléments, il y adjoignit de plus des considérations d'un autre ordre. Sa théorie cérébrale, condensée dans les 18 fonctions intérieures du cerveau, utilise tout ce qu'à son époque pouvaient fournir de lumière l'anatomie psychologique, la physiologie psychologique, la psychologie comparée et la psychologie sociale.

Cet essai ne fut pas accueilli avec toute la faveur qu'il méritait, et si on en retint la prédominance de la physiologie en psychologie, on négligea ce que, dans cet ordre d'idées, pouvaient nous fournir la physiologie comparée et sociale pour n'utiliser que la physiologie expérimentale et pathologique. Les études psycho-physiologiques, limitées à ces deux éléments, fournirent cependant des renseignements de la plus haute valeur sur notre cérébralité, toutefois sans aboutir davantage à un résultat définitif en théorie cérébrale.

Seul, M. Laffitte, reprenant le problème dans son ensemble au point où l'avait laissé Aug. Comte et utilisant toutes les sources d'investigation qui avaient servi à celui-ci, serra le problème de plus près par la détermination des fonctions composées.

Enfin, si nous signalons l'influence prépondérante prise de nos jours par les conceptions matérialistes de la transformation de la force et les essais qui en résultèrent pour réduire tous les phénomènes psychologiques à des phénomènes vibratoires, nous aurons une idée complète des différentes méthodes suivies pour pénétrer le mystère de notre entendement.

Et cependant, il a résisté à ces multiples investigations. Serait-il donc inaccessible, ou peut-on espérer, comme chaque méthode s'en flatte, d'y arriver au premier jour? N'y aurait-il pas plutôt erreur de méthode? En d'autres termes, n'y aurait-il pas encore une autre méthode qui permettrait d'arriver plus aisément au but?

C'est à cette dernière supposition que je me suis arrêté, et voici pourquoi :

Nous avons vu que les psychologues aristotéliens, ceux pour lesquels rien n'est dans l'entendement qui n'ait passé par les sens, enthousiasmés par l'aide puissante que la découverte de Gall apportait à leur théorie, se lancèrent sans mesure dans l'étude de l'appareil cérébral en négligeant complètement ou à peu près l'étude des sensations. Quand la réaction se fit, l'étude de celles-ci fut reprise, mais à titre de complément de celle des appareils sensu-cérébraux qui, elle, resta toujours la base de leurs spéculations. En un mot, la fonction fut subordonnée à l'organe.

Or, il m'a semblé que cet ordre devait être renversé et que l'étude de la fonction devait être prise pour base, celle des organes n'étant plus effectuée qu'à titre de complément ou de confirmation. C'est qu'en effet, tandis que nos sensations sont aisément observables, tandis que les résultats de l'activité cérébrale se manifestent à nous d'une manière parfaite, l'étude anatomo-physiologique des organes a fait voir combien ceux-ci sont compliqués, difficiles à observer, et avec quelle facilité les connaissances que nous en avons et qui nous semblent les plus précises peuvent se trouver renversées par une investigation plus exacte. Les localisations erronées des fonctions cérébrales d'Aug. Comte ont plus nui à ses théories psychologiques que toute autre chose. Les nouvelles méthodes d'injection de Golgi et d'Ehrlich, en permettant de suivre les éléments nerveux jusqu'à leurs ultimes ramifications, ont fait voir : 1° que l'épithélium, qui jusqu'à nos jours était réputé sans innervation, est au contraire, de tous nos tissus, le plus riche en terminaisons nerveuses; 2° que les nerfs qui, croyait-on, étaient continus, sont au contraire formés de neurones reliés par un simple enchevêtrement de leurs ramifications terminales : que deviennent dès lors les théories sensorielles et cérébrales basées sur deux faits anatomiques que nous savons aujourd'hui être faux?

J'ai pensé que ces erreurs, d'une gravité qui n'échappe à personne quand elles sont la base même de théories, ne pourraient pas se produire dans une étude vraiment positive des sensations et des réactions individuelles, d'une observation si facile, si aisée et qui se prêtent avec tant de souplesse à l'expérimentation, étude où les considérations anatomo-physiologiques ne viendraient plus qu'à titre d'étais, de soutiens ou de guides, suivant les cas. Même réduites à ce rôle, elles n'en conservent pas moins une importance capitale, en permettant d'éliminer les hypothèses erronées et en aidant puissamment à la bonne marche du travail.

Les résultats ont-ils répondu à mon attente? C'est mon intime conviction, car à l'aide de cette méthode j'ai pu établir une théorie complète du travail cérébral que je soumets aujourd'hui à l'appréciation de tous ceux qu'intéressent ces problèmes : à eux de décider si j'ai réellement atteint le but que je m'étais proposé.

Toutefois, quel que soit leur verdict, il est un point sur lequel je désire appeler l'attention : c'est l'état d'esprit, absolument indépendant de toute école, dans lequel ces recherches ont été effectuées. Je n'ai eu qu'un but : la découverte de la vérité, et je n'ai pas hésité un instant à abandonner toute idée reconnue inexacte, quelles que fussent mes sympathies personnelles pour son auteur.

Voici en effet ce que j'écrivais en novembre 1898, au moment de commencer les présentes recherches :

« Notre connaissance du monde extérieur étant subordonnée à la puissance de nos sens, l'étude de ceux-ci est la condition préliminaire à celle-là. L'étude de la réalité, au lieu de sembler, à tort, objective, comme elle l'a paru jusqu'ici, doit enfin devenir pleinement subjective.

« Nous devons avoir nettement conscience que nous ne connaissons de la réalité que ce que nos sens nous en font connaître. Ce sont là nos instruments obligatoires de la perception, et, de même que l'astronome a besoin de connaître le fonctionnement de son télescope pour en tirer le meilleur parti possible, de même nous devons connaître nos sens au multiple point de vue de leur constitution, de leur activité, des relations qui les lient, soit entre eux, soit à l'appareil cérébral où tout se coordonne. Il y a là un travail préliminaire à toute observation et à toute méditation, et qui augmentera dans une large mesure la puissance de celles-ci quand il aura été effectué. C'est ce travail, dont les principaux éléments ont été élaborés par M. Laffitte, qui nous semble suffisamment préparé en l'état actuel de la science, pour donner de sérieux et solides résultats.

« En résumé : Perfectionner la méthode scientifique en lui donnant nettement le caractère subjectif par l'étude de l'appareil sensoriel et des liaisons de celui-ci avec la coordination intellectuelle et l'activité consécutive (1). »

Il était difficile d'indiquer plus nettement, avec la méthode, la croyance à la subjectivité de la réalité où son emploi devait me conduire. Or, tout au contraire, elle a abouti à la démonstration de la prédominance absolue du monde extérieur sur notre mentalité, surtout spontanée. Il y a donc eu renversement complet de mes idées antérieures, et cet exemple est, je crois, suffisant pour démontrer combien le souci de la vérité a été mon seul guide dans des recherches dont je vais maintenant indiquer brièvement les principaux résultats.

———————

Le travail comprend trois divisions principales : *éléments, formation, état normal* de la mentalité.

Les *éléments* se subdivisent en :

1º Analyse des sensations.

2º Comparaison des sensations.

3º Détermination des lois de l'activité cérébrale.

La partie originale de l'analyse des sensations consiste en la détermination des sensations de pression

(1) Recherches sur les travaux théoriques les plus urgents nécessités par l'état de l'industrie contemporaine. *Revue occidentale*, novembre 1901.

et d'effort, qui, jusqu'à ce jour, avait été confondues, les premières avec le tact, les secondes avec la musculation.

La comparaison des sensations met en lumière les caractères communs à toutes.

Mais la détermination des lois de l'activité cérébrale est sans conteste la partie vraiment fondamentale de l'ouvrage. C'est là la base solide sur laquelle s'appuient les deux autres parties pour construire respectivement : 1° la mentalité spontanée; 2° la mentalité systématique.

Dans la *formation de la mentalité*, après un préambule biologique indispensable pour mettre en lumière les points nécessaires de la synthèse humaine, l'unité vitale de l'individu est d'abord établie au triple point de vue de la vie de nutrition, de la vie de relation et de la vie de coordination. Puis, par l'application des lois du travail cérébral, nous assistons à la formation des instincts circulatoire, respiratoire, digestif et excrétoire, qui assurent la vie de nutrition, des instincts nutritif, défensif, sexuel et maternel, qui sont à la base de la vie de relation et enfin à la création de la mentalité spontanée ou bon sens commun.

La troisième et dernière partie comprend la formation de la *mentalité systématique* telle qu'elle existe de nos jours.

En résumé, en dehors de quelques autres d'une importance moindre, trois conceptions principales me semblent caractériser ces recherches :

1°. — Détermination des lois de l'activité cérébrale, permettant de comprendre de quelle façon le cerveau

utilise les éléments sensoriels dans la formation de la
mentalité ;

2º. — Constatation que sous l'action du monde extérieur et par le jeu spontané de l'activité cérébrale, il
se forme dans chaque entendement un bon sens réel
qui est la base de toutes nos connaissances, le miroir
relativement fidèle de la réalité extérieure ;

3º — Constatation que nos principales méthodes
scientifiques ne sont que les procédés employés par notre cerveau dans son activité spontanée, toute la différence consistant en ce que l'emploi, au lieu d'en être
inconscient et spontané, en devient conscient et voulu.

Enfin, je dois ajouter que la méthode d'exposition
dont il a été fait usage dans le présent travail, différant sensiblement de celles actuellement usitées, il est
de simple convenance que j'expose les raisons qui
me l'ont fait choisir, de façon à éviter au lecteur un
étonnement bien légitime.

Il est facile de comprendre que l'analyse des sensations, l'étude des éléments mentaux et la synthèse intellectuelle m'amènent à faire de larges emprunts à
presque toutes les branches des connaissances humaines.

De celle-ci, les unes font partie du bon sens universel et sont admises par tous, d'autres sont connues
seulement de ce qu'on appelle le public éclairé ;
d'autres, enfin, ne sont familières qu'à un petit nombre
de spécialistes, variables, par conséquent, suivant les
cas.

De plus, nombre de notions scientifiques ne sont pas admises sans conteste et soulèvent encore, à l'heure actuelle, d'ardentes polémiques.

Dès lors, il devenait bien difficile de suivre la marche habituellement observée aujourd'hui dans toute exposition scientifique, c'est-à-dire l'exposition historique précédant les conceptions propres de l'auteur et le tout suivi de la discussion des opinions opposées.

En effet, cette marche, parfaitement en harmonie avec un travail ne s'attachant à mettre en valeur qu'un petit nombre de points, ce qui est le cas général de nos jours où la division du travail s'étend de plus en plus, ne convient pas à une œuvre d'ensemble utilisant un très grand nombre d'éléments plus ou moins connus ou acceptés.

La discussion complète de chacun des points utilisés, si elle avait dû être faite partout où c'eût été nécessaire, aurait donné un tel développement au travail que le but poursuivi, à savoir la synthèse mentale, eût été noyé dans cet amas d'éruditions inopportunes.

Dans ces conditions, je me suis vu obligé, à mon grand regret, de sacrifier l'historique et la discussion à la clarté du sujet. Toute opinion émise n'est étayée que sur les faits d'où elle a été tirée, et, toutes les fois que cela a été possible, les faits ont été choisis parmi ceux qui sont les plus simples et les plus faciles à observer. De cette façon, le lecteur trouvera une compensation au manque de développements historiques et critiques, qui rendent si attrayante la littérature scientifique actuelle, dans la simplicité de l'exposition et dans l'appel fait plus à son jugement qu'à son érudition.

Et qu'il me soit permis, en finissant, de rendre un juste hommage à tous les princes de la science, à tous les maîtres de la pensée dont les pages qui vont suivre évoqueront le souvenir. Car, si je me suis vu obligé de supprimer toute citation nominale, je sais que le lecteur y suppléera spontanément et qu'il saura bien faire, mieux que je ne l'eusse pu faire moi-même, la séparation entre ce qui est dû à leur génie et la modeste part qui revient à ma collaboration.

P. FROUMENT.

6 décembre 1901.

RECHERCHES

LA MENTALITÉ HUMAINE

(SES ÉLÉMENTS, SA FORMATION, SON ÉTAT NORMAL)

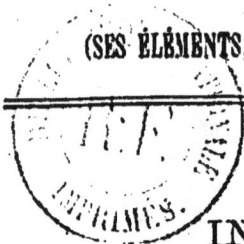

INTRODUCTION

La science moderne a mis en lumière le fait suivant : c'est que toutes nos connaissances ont pour unique base les sensations, coordonnées par le travail cérébral. Il n'est rien dans l'entendement dont les éléments n'aient été fournis par les sens, le cerveau se bornant à enregistrer et à combiner les matériaux qui lui sont fournis.

Est-il nécessaire d'apporter des preuves à l'appui de ces affirmations? Je ne le crois pas ; ce sont là des vérités presque entrées dans le domaine du bon sens commun. Non certes que la découverte en ait été facile. Il a fallu toute l'évolution mentale de notre espèce, depuis Aristote jusqu'à M. Laffitte, en passant par Hume, Gall, Cabanis, Diderot et Aug. Comte, pour y arriver. Relire les œuvres de ces puissantes intelligences, c'est revivre l'évolution d'une des plus belles découvertes de l'Humanité.

Aristote, en une superbe envolée de génie, dit que « Rien n'est dans l'entendement qui n'ait passé par les sens ». — Hume, dans ses essais sur l'entendement, pousse jusqu'à l'évidence la démonstration de cette proposition.— Gall détermine le siège de la mentalité.— Cabanis relie le moral au physique et démontre leur intime dépendance. — Diderot, dans sa lettre sur les sourds et les aveugles, fait voir à quel point un ou deux sens de moins modifieraient notre mentalité. — Comte, avec tous ces matériaux, construit la théorie positive de la mentalité. — M. Laffitte enfin, par la détermination des fonctions composées, nous donne la clef du travail cérébral.

Il est donc inutile de refaire une démonstration déjà faite et bien faite. La règle caractéristique du travail scientifique positif, c'est que toute découverte étant toujours vérifiable dans ses bases objectives, il n'y a pas à faire plusieurs fois la même étude. Toute proposition, vérifiée et reconnue exacte, sert de base à son tour pour de nouveaux progrès dont les assises reposent ainsi sur les fondements inébranlables de la réalité. Aussi nous bornerons-nous à résumer en quelques lignes l'état de la question, point de départ nécessaire au développement de nos conceptions ultérieures.

Les organes de la vie de relation chez l'homme correspondent aux trois fonctions élémentaires de cette vie : *percevoir*, *coordonner*, *réagir*.

Nous percevons par l'appareil sensitif. — Les perceptions sont communiquées au cerveau par les nerfs sensitifs. — L'appareil cérébral coordonne les sensations et détermine les réactions correspondantes. — Il les communique aux muscles par les nerfs moteurs. — Le système musculaire réagit.

Donc,

Sens,
Nerfs sensitifs,
Cerveau,
Nerfs moteurs,
Muscles,

tels sont, chez l'homme, les organes de la vie de relation.

Nous voyons ainsi que toutes nos sensations étant fournies au cerveau par les sens, une étude approfondie de chacun de ceux-ci est nécessaire pour apprécier la valeur de leur contribution à la coordonnation cérébrale.

ANALYSE DES SENSATIONS

L'ancienne division en cinq sens étant encore la seule généralement connue, nous la prendrons comme point de départ de notre étude.

En classant les sens suivant l'ordre de précision et de netteté dans les sensations correspondantes, nous obtenons le tableau suivant :

Vue,
Ouïe,
Toucher,
Goût,
Odorat.

C'est dans cet ordre que nous les étudierons.

Il vaut mieux en effet commencer par les plus parfaits, car leur connaissance nous donnera peut-être des méthodes pour étudier les derniers encore si obscurément connus.

VUE

Les sensations fournies par la vue se classent en trois groupes : *lumière, couleur, forme visuelle.*

La forme visuelle peut être appelée une sensation secondaire, car elle ne se manifeste jamais indépendamment des deux autres. Nous ne percevons la forme visuelle des corps que quand ils sont lumineux ou colorés. Ce qui le prouve, c'est que dans l'obscurité les objets qui nous entourent ne nous donnent aucune impression de forme visuelle, bien que le toucher nous avertisse qu'ils sont toujours là et avec leur forme ordinaire. L'étude de la forme visuelle ne doit donc être faite qu'après celle de la couleur et de la lumière.

Mais la couleur elle-même n'est que le principal caractère qui nous sert à différencier les espèces de lumière les unes des autres. En fait, toute lumière est d'une couleur particulière. D'un autre côté, il n'y a jamais couleur sans lumière, que celle-ci soit propre au corps ou qu'elle lui soit communiquée. Dans l'obscurité, en effet, nous n'apercevons la couleur d'aucun des corps qui nous environnent ; mais qu'un rayon lumineux vienne à les frapper ; et aussitôt chacun d'eux détermine sur notre rétine la sensation correspondant à sa couleur particulière. Nous pouvons en conclure que la lumière est la sensation primaire et commencer notre travail par son étude.

LUMIÈRE

1° *La lumière, ou sensation lumineuse, est la sensation spéciale à l'œil.*

Comme on le voit à cet énoncé, la lumière ne comporte qu'une définition purement biologique : l'indication de son siège. Quant à définir ce qu'elle est, nous ne le pouvons pas : nous la constatons, voilà tout. Et c'est cette sensation élémentaire qui va au contraire nous servir de base pour définir tout ce qui s'y relie. Nous ferons ainsi reposer nos définitions sur le terrain solide de la sensation physiologique, seule base positive de toutes nos conceptions.

2° *Toute lumière est produite par un corps lumineux.*

Autre notion expérimentale. Ce n'est que par l'observation répétée que nous arrivons à cette conception. C'est encore là une définition élémentaire qui ne peut être déduite que de l'observation des faits.

3° *Cette propriété particulière des corps, par laquelle ils déterminent en nous des sensations lumineuses, est appelée lumière.*

Cette définition n'est que la dénomination sous un vocable particulier, d'une propriété générale des corps.

Comme nous le voyons, le mot *lumière* a deux sens : il
désigne aussi bien la sensation lumineuse, sensation subjective, que la propriété abstraite, objective, qui l'a déterminée.
Nous constatons ainsi la sagesse spontanée du langage qui
a identifié le subjectif à l'objectif au point précis où ces
deux mondes se lient. Relier la sensation à la propriété
abstraite déterminante, c'est établir un pont entre l'individu et le monde extérieur, entre le moi et le non-moi.
Au fond, ces deux notions sont élémentaires et purement
expérimentales Nous ne pouvons que constater leur liaison,
et c'est ce que la sagesse populaire a spontanément consacré par le double sens donné au mot lumière.

En résumé, le double caractère subjectif et objectif de
toute lumière est établi expérimentalement.

1º Elle est la sensation spéciale à l'œil.

2º Elle émane toujours d'un corps lumineux.

Ce double caractère nous donne l'ordre même des études
auxquelles nous allons maintenant procéder.

1. — Rechercher quels sont les caractères qui dépendent
de l'organe impressionné.

2. — Quels sont ceux qui dépendent des corps impres-
sionnants.

La comparaison des impressions lumineuses entre elles
nous permet de leur reconnaître trois grands caractères :
c'est qu'elles diffèrent d'*intensité*, de *coloration* et d'*étendue*
les unes des autres.

INTENSITÉ

Examinons quelles sont les conditions qui modifient
l'intensité de la lumière.

Les premières dépendent :

1º De l'organe impressionné.

2º Du corps impressionnant.

Les secondes dépendent du milieu. En effet, dans l'acte

de la vision, le corps impressionnant est séparé de l'œil par un espace intermédiaire. Nous aurons donc à examiner l'influence de celui-ci sur l'intensité lumineuse.

———

Les sensations lumineuses diffèrent en intensité et en durée d'intensité.

La première constatation qui s'impose, c'est que l'œil n'apprécie que des intensités relatives. Il ne peut que comparer des intensités entre elles, c'est-à-dire que constater si une lumière est plus ou moins intense qu'une autre.

Dans cet ordre d'idées, c'est un organe très défectueux d'appréciation. Son champ d'action est très limité. Nous ne pouvons comparer que des intensités moyennes; aussitôt qu'elles deviennent trop fortes, nous sommes éblouis et il nous est impossible de dire si elles sont différentes les unes des autres, à moins d'énormes écarts.

Dans les intensités moyennes même, nous ne pouvons apprécier qu'entre de très larges limites si une lumière est plus ou moins intense qu'une autre. Nous ne pourrions pas dire exactement, par exemple, si elle est cinq fois ou six fois plus intense. La difficulté est encore accrue quand les lumières sont de différentes couleurs.

De plus, l'œil nous donne souvent des sensations fausses. La même lumière nous semble de deux intensités différentes selon que nous l'apercevons en sortant d'un milieu obscur ou, au contraire, en sortant d'un milieu fortement éclairé.

Notre appréciation de la durée de la lumière est aussi défectueuse et souvent erronée. Notre œil conserve l'impression lumineuse au moins 1/5 de seconde après la disparition de sa cause. Il s'ensuit que toute suite d'impressions lumineuses séparées par des intervalles plus petits que 1/5 de seconde, nous donne l'impression d'une lumière continue en désaccord par conséquent avec la réalité. D'un autre côté, toute impression lumineuse extrêmement intense dure un certain temps, souvent quelques minutes, après que la source lumineuse a disparu. Dans ce cas nous avons l'illu-

sion de voir une lumière alors que depuis un certain temps
déjà il n'y en a plus. Enfin cette impression persistante empêche, pendant toute sa durée, toute autre source lumineuse
d'impressionner notre rétine. Par exemple, il est arrivé à
tout le monde, pour s'être amusé à vouloir regarder le soleil,
de conserver pendant assez longtemps son éclat et sa forme
dans l'œil et de ne pouvoir distinguer autre chose.

Si de ces conditions subjectives si défectueuses de la
vision nous passons à ses conditions objectives, nous ren-
controns d'autres difficultés.

L'impression lumineuse, avons-nous dit, est déterminée
par les corps lumineux. Ceux-ci se divisent en deux grandes
classes, les corps éclairants et les corps éclairés.

Certains corps ne sont jamais éclairants ; les autres corps
sont éclairants à certaines températures et obscurs à
d'autres. De plus, l'intensité de leur pouvoir éclairant varie
avec la température, tel le fer, qui du rouge sombre arrive
au blanc éblouissant à mesure que s'accroît sa température.

Si nous passons aux corps éclairés, la confusion
augmente. Leur intensité lumineuse dépend de celle de la
source qui les éclaire, de leur position ; celle des objets qui
les entoure, les réflexions lumineuses font varier à chaque
instant l'impression lumineuse qui nous frappe : telle table
unie est rayée par l'ombre projetée des meubles qui l'avoi-
sinent ; ces rayures varient de forme et d'intensité à chaque
mouvement que nous faisons ; en fait l'impression lumineuse est constamment variable.

Enfin, le milieu exerce une influence énorme sur l'intensité de la lumière. Suivant sa nature, il intercepte toute lumière, ou l'affaiblit, ou la dénature. Les corps opaques nous
masquent les corps lumineux situés derrière eux ; les corps
peu transparents diminuent l'intensité et font souvent varier la couleur : qui n'a observé ces teintes particulières
que prend le soleil au travers du brouillard et comme il
est facile alors de le regarder sans fatigue par suite de
l'affaiblissement de son éclat.

Mais le milieu influe surtout par son étendue. Il est banal de dire que l'éloignement diminue prodigieusement
l'intensité lumineuse. C'est là une constatation générale.

Par tout ce qui précède, nous voyons à quel point notre

mesure spontanée de l'intensité lumineuse est défectueuse et combien nous sommes sujets à l'illusion.

C'est là un ensemble de faits qui nous domine et que nous ne pouvons que modifier secondairement, sans jamais pouvoir nous en affranchir entièrement.

Deux considérations, l'une subjective, l'autre objective, simplifient néanmoins le problème.

La première est que, pour la pratique courante, c'est-à-dire dans la généralité des cas, l'intensité lumineuse doit être suffisante pour nous permettre d'apercevoir distinctement les corps que nous observons. C'est là une considération physiologique qui nous porte à rechercher toujours une intensité sensiblement constante correspondant au meilleur fonctionnement de notre appareil visuel.

La seconde considération est que nous sommes justement sous la dépendance d'une source lumineuse constante, le soleil, qui domine toute notre vision. De la constance de son intensité découle la constance lumineuse des corps qu'il éclaire, c'est-à-dire du milieu dans lequel nous vivons. Il est bien entendu que nous ne parlons ici que de constance relative et non de constance absolue. L'intensité lumineuse du soleil varie, pour nous, entre de certaines limites ; elle n'est pas par exemple la même l'été que l'hiver, le matin ou le soir qu'à midi, par un temps clair que par un temps couvert, mais ces variations peuvent être considérées comme négligeables. Que sont-elles en effet en comparaison de celles que nous serions obligés de subir si l'ellipse que nous décrivons autour du soleil, au lieu d'être presque circulaire, était au contraire démesurément allongée et si, par exemple, dans la même année, après nous être rapprochés de lui à la distance de Mercure, nous nous en éloignions d'une distance égale à celle qui nous sépare de l'étoile la plus proche.

Il n'est pas douteux que l'harmonie qui existe entre les deux ordres de considérations développées ci-dessus n'est nullement fortuite. L'intensité de la lumière solaire a évidemment été l'un des facteurs de la sélection visuelle entre les individus, et une cause d'infériorité et d'élimination pour ceux qui étaient insuffisamment doués à cet égard. Certains animaux, les taupes et les chauves-souris par exemple, par suite de la défectuosité de leur appareil visuel, n'occupent dans la série animale qu'une place inférieure à celle que leur incontestable supériorité cérébrale devrait leur assurer.

De tout ce qui précède il résulte que nous avons besoin, pour la vie pratique, d'une intensité lumineuse moyenne sensiblement constante, nous permettant de percevoir à distance les corps qui nous entourent, et nous venons de voir que ces conditions sont remplies par la lumière solaire. Il y a donc là spontanément un ensemble de conditions favorables à notre activité visuelle.

Comme l'éclairage du milieu dans lequel nous vivons est une condition nécessaire et suffisante pour nous, toute intensité lumineuse est appréciée du point de vue de cette condition, et nous n'évaluons une lumière artificielle quelconque que pour l'éclairage ambiant qu'elle nous donne, comparé à l'éclairage solaire qui, par son universalité même, s'impose comme terme de comparaison.

Cependant l'étude scientifique des lois de l'intensité de la lumière exigea plus de précision. Ce qui était suffisant pour la pratique courante de l'existence était trop vague pour des déterminations exactes. Ainsi, l'intensité de l'éclairage diurne, quoique comprise entre d'étroites limites, manquait encore trop de fixité pour servir de terme de comparaison, d'étalon scientifique. On choisit alors à cet effet une source lumineuse artificielle peu intense, pour être facilement observable ; transportable, pour faciliter les expériences, et dont la fixité d'intensité pût être traduite par des chiffres : une bougie brûlant un nombre donné de grammes de stéarine à l'heure. On avait ainsi un étalon indépendant de toute subjectivité individuelle et facile à obtenir.

L'étalon déterminé, il s'agissait de le comparer aux autres sources lumineuses. Pour cela, on a ramené cette mesure à la comparaison de deux intensités moyennes et égales, en faisant varier la distance de chaque lumière à deux écrans contigus, de façon à ce qu'ils soient chacun modérément et également éclairés par une des lumières à comparer. On a ramené ainsi l'observation au point où elle s'effectue dans les meilleures conditions physiologiques et on a transformé une mesure d'intensités en une mesure de distances toujours plus facile à effectuer.

Je n'ai pas à entrer dans le détail des lois observées ni dans l'étude des différents procédés photométriques. Il me suffit de dire qu'ils satisfont tous aux conditions ci-dessus énoncées, de faire voir quelles étaient les difficultés de leur établissement et comment celles-ci ont pu être vaincues, tout au moins dans une certaine mesure.

COULEUR

Toute sensation lumineuse est caractérisée par une couleur particulière. Cette première définition constate la liaison qui existe entre la couleur et la lumière. Autrement dit, les lumières sont de différents genres et on a appelé *couleur* ce caractère qui les différencie les unes des autres.

Ce caractère est purement expérimental, ne peut être défini, et nous ne pouvons que le lier aux conditions mêmes de sa production, la lumière qui le fait naître et la vue qui le perçoit. Nous dirons donc : 1° *La couleur est un caractère particulier des sensations visuelles par lequel se différencient les genres de lumière.*

La couleur étant un caractère particulier de la lumière, la définition des conditions de sa production comprend une partie liée à cette origine, semblable à celle correspondante de la lumière.

Nous dirons donc :

2° *Toute sensation de couleur est produite par un corps coloré.*

3° *Cette propriété particulière des corps, par laquelle ils déterminent en nous des sensations colorées, est appelée couleur.*

Comme nous le voyons, la fonction de la rétine est double. Non seulement elle perçoit la lumière, mais encore elle perçoit la couleur de cette lumière. Et l'observation nous montre qu'elle est bien plus habile à différencier les couleurs que les intensités lumineuses. Aussi est-ce beaucoup plus par leur couleur que par l'intensité de leur éclairage que nous déterminons la forme des corps. Pour nous en convaincre, il suffit d'imaginer que toutes les impressions lumineuses soient de la même couleur. Nous voyons de suite à quel point, dans l'immense majorité des cas, la forme des corps resterait imprécise.

Suivons pour l'étude de la couleur la marche indiquée pour l'intensité de la lumière et qui peut être synthétisée dans le tableau ci-dessous.

Conditions de la perception de la couleur	Caractères	subjectifs	dans l'espace (pour des sensations simultanées)
			dans le temps (pour des sensations successives
		objectifs — Corps éclairants	dans l'espace
			dans le temps
		objectifs — Corps éclairés	dans l'espace
			dans le temps
	Influence du milieu		dans l'espace
			dans le temps

L'œil est un habile instrument pour différencier les couleurs les unes des autres. Il faut néanmoins pour cela une certaine intensité dans l'éclairage. Tout le monde a pu observer qu'au crépuscule, les colorations deviennent indistinctes et se fondent en un gris uniforme ; aussi, quand nous voulons comparer deux ou plusieurs couleurs, fuyons-nous les lieux sombres et recherchons-nous toujours une claire lumière. D'un autre côté, nous avons déjà noté, à propos de l'intensité lumineuse, que lorsqu'une lumière trop intense a frappé notre rétine, nous conservons pendant un certain temps l'impression de la couleur alors que la cause a disparu, et quand nous regardons pendant ce temps autre chose, nous croyons toujours voir le premier corps et nous ne voyons pas les autres.

Quand les sensations colorées sont successives, il ne faut pas qu'elles se remplacent trop rapidement, que chaque impression lumineuse soit inférieure en durée à 1/5 de seconde, sinon il se produit le phénomène suivant : les couleurs se superposent et donnent l'impression de la couleur composée qu'elles forment. Si nous faisons tourner rapidement devant nous un disque divisé en un certain nombre de secteurs alternativement bleus et jaunes, nous croyons voir un disque vert. Si les couleurs des secteurs étaient successivement bleue, jaune, rouge, le disque nous semblerait blanc. Il y a là une illusion d'optique très remarquable et qui limite nettement le champ de l'exactitude dans l'observation des sensations colorées.

La couleur des corps éclairants varie avec leur température. Si nous plongeons l'extrémité d'une barre de fer dans le feu et que nous l'en retirions au bout d'un certain temps, nous voyons cette barre nous présenter simultanément, de son extrémité incandescente à son extrémité obscure, toutes les teintes intermédiaires entre le blanc éblouissant et le rouge sombre.

De plus, au fur et à mesure que leur température diminue, les parties blanches passent par ces mêmes teintes jusqu'à ce que la barre entière soit devenue obscure. Nous voyons ainsi que ces colorations sont simultanées pour les parties à différentes températures, et successives pour les parties passant par des températures graduées.

Les corps éclairés opposent des difficultés autrement graves à la détermination de leur couleur apparente.

Un corps est dit éclairé quand sa lumière provient de celle d'un autre corps. Or, le premier fait qui nous frappe, c'est que la couleur apparente des corps éclairés varie avec celle des corps éclairants. Une pierre quelconque sera de trois teintes différentes suivant que nous l'éclairerons avec une lumière bleue, rouge ou jaune. Avant donc de pouvoir nous entendre sur la couleur apparente d'un corps éclairé, il a fallu s'entendre sur la couleur de la lumière qui l'éclairerait. Heureusement, pour nous, cette condition s'est trouvée spontanément remplie.

La lumière solaire, stable et universelle, nous a servi de flambeau commun. Mais une simple réflexion permet de se rendre compte à quel point les difficultés eussent été accrues si cette lumière eût, par exemple, passé successivement par toutes les couleurs de l'arc-en-ciel en des périodes plus ou moins rapides. Quoi qu'il en soit, quand nous disons qu'une chose éclairée est de telle couleur, il est sous-entendu : à la lumière solaire.

Mais, si le problème est résolu au point de vue général,

il ne l'est pas au point de vue de chaque corps particulier. Quand nous examinons une boule de laiton, par exemple, nous ne la voyons nullement d'une teinte uniforme. La lumière solaire ne l'éclaire pas également dans toutes ses parties, d'où variation d'intensité de coloration ; certaines parties sont d'un jaune éclatant, d'autres presque noires, le reste présente toutes les teintes intermédiaires ; d'un autre côté, les objets colorés qui l'entourent réfléchissent sur elle leurs teintes particulières, si bien qu'en beaucoup de parties elle nous semble des couleurs les plus diverses. Enfin, si nous changeons de position par rapport à elle, nous voyons toutes ces colorations se déplacer, se modifier à l'infini et l'impression la plus simple que nous en tirons, si nous ne pouvons pousser plus loin notre étude, est qu'une boule de laiton est un corps dont les différentes parties varient à chaque instant de coloration.

Par quels procédés nous formons-nous donc une autre opinion ? Par des moyens complexes. Nous nous plaçons hors de toute réflexion par les corps avoisinants, et nous faisons occuper successivement à chacune des parties de la boule une même position par rapport à notre œil et au soleil. Nous mettons en un mot tous les points du corps dans les mêmes conditions d'éclairage par rapport à nous, car la teinte d'un corps dépend de la couleur de la source éclairante, des réflexions avoisinantes, de sa distance à la lumière et de sa position relative par rapport à notre œil. En fait, la coloration de tous les corps éclairés qui nous entourent varie à chaque instant autour d'une coloration moyenne dont la détermination exacte exige toutes les précautions précitées.

Mais ce n'est pas tout. Par suite de sa construction particulière, l'œil ne touche pas les objets qu'il perçoit ; il en est séparé par une certaine distance, par ce que l'on appelle un milieu interposé. Or, ce milieu, lui aussi, modifie la couleur des objets que nous percevons au travers. S'il est opaque, il intercepte toute lumière et nous ne voyons rien. S'il est transparent, il est coloré, car tous les milieux que nous connaissons, depuis l'air jusqu'au verre, sont colorés. Or, cette coloration modifie la couleur des corps que nous voyons et, de même que nous avons dû nous entendre sur toutes les autres conditions, de même quand nous disons qu'un corps est d'une coloration déterminée, nous sous-entendons : au travers de l'air. Et n'est-ce pas dans la modificabilité, par ce milieu, que gît la grande querelle entre les peintres qui voient tout en tons effacés et bleutés et ceux qui voient tout en tons crus. Leur discussion provient de ce qu'ils ne sont pas d'accord sur l'action du milieu aérien.

En résumé, nous voyons que les corps nous donnent des sensations colorées complexes et que ce que nous appelons la couleur d'un corps, c'est l'impression colorée produite par ce corps quand il est dans des conditions déterminées d'éclairage, de position, de milieu, de température, et que chaque partie qui le compose tombe sous nos sens pendant un temps déterminé.

Nous savons trouver la couleur d'un corps, celles de plusieurs corps. Dès le premier examen, nous nous apercevons qu'elles diffèrent les unes des autres. Les comparer et les classer va nous occuper maintenant.

Les corps éclairants étant tous d'une couleur particulière, peuvent être examinés de deux façons : en comparant ceux qui sont de même teinte, en classant ceux qui sont de teintes différentes.

La comparaison entre ceux qui sont de même teinte est facile à faire et nous fait voir de suite que l'intensité lumineuse de cette teinte varie suivant les conditions déjà étudiées à propos de la lumière. Si nous examinons les becs de gaz d'une rue, nous voyons que leur couleur est la même, quelle que soit la distance qui nous en sépare, et que l'intensité de la lumière qui nous frappe varie seule, suivant qu'ils sont plus ou moins éloignés de nous. En un mot, la distance ne fait pas varier la coloration et n'influe que sur l'intensité.

J'ai eu soin, dans l'alinéa précédent, de parler de l'intensité de la lumière et non de l'intensité de la couleur, ce qui pourtant eût semblé plus naturel. C'est que, dans l'usage courant, le mot intensité, appliqué à la couleur des corps, est pris dans un sens particulier et sert à désigner, au fond, des couleurs différentes, comme on le verra plus loin.

Si nous voulons maintenant classer les différentes couleurs que nous présentent les corps éclairants, nous nous trouvons en présence d'un problème qui ne me semble pas avoir encore été abordé d'une façon systématique. Les physiciens, dans la chromatique, se sont surtout attachés à étudier le mode de production des couleurs, et à observer les particularités spéciales que présentent à ce sujet les corps qui tombent sous nos sens, sans que, à ma connaissance du moins, les couleurs aient été considérées abstraitement. Les seules ébauches tentées à ce sujet ont été faites par les peintres, par suite des nécessités pratiques de leurs travaux, alors que leur caractère de praticiens les rendait peu aptes aux recherches dont il s'agit. Le développement des études que nous entreprenons en ce moment nous oblige à exposer quelques considérations à ce sujet.

La décomposition de la lumière solaire donne une première classification objective des couleurs. L'étude du spectre permet facilement de reconnaître que trois couleurs, seules, sont élémentaires, en ce sens que : 1° avec aucune combinaison des autres on ne peut les reproduire ; 2° au contraire, leurs combinaisons deux à deux permettent de reproduire les quatre autres. Ces trois couleurs sont le bleu, le jaune, le rouge. Le tableau suivant permet de se rendre compte facilement de ce que nous venons de dire.

Violet — bleu et rouge.
Indigo — bleu et un peu de rouge.
Bleu — bleu.
Vert — jaune et bleu.
Jaune — jaune.
Orangé — rouge et jaune.
Rouge — rouge.

Enfin la combinaison des trois teintes élémentaires, en proportion convenable, redonne la couleur blanche.

Il existe donc, pour les couleurs, l'équivalent de ce que l'on constate en chimie pour les corps, c'est-à-dire un petit nombre d'éléments simples, parce qu'indécomposables, et qui servent à reproduire tous les autres.

Le deuxième fait capital à observer est que la combinaison des couleurs élémentaires donne des tons nouveaux que la considération de ces tons élémentaires ne pouvait faire prévoir. Si nous superposons un rayon bleu à un rayon jaune, rien ne peut nous faire prévoir que la teinte verte en résultera. Il y a là toute une série de notions purement expérimentales. L'observation seule peut nous donner le résultat de ces combinaisons qui, pour la plupart même, surprennent l'imagination. Si nous demandons, par exemple, à une personne ignorant la décomposition de la lumière, quelle couleur nous obtiendrons en superposant des rayons bleu, rouge et jaune, elle pourra nous citer des couleurs quelconques, mais jamais elle ne supposera que le résultat peut être blanc, et c'est si réel, que si nous la prévenons d'avance de ce que nous comptons obtenir, elle refuse de nous croire et l'expérience seule la convainc de la justesse de notre prévision.

Le langage a spontanément consacré cet état de choses en donnant à chaque couleur un nom absolument indépendant de celui des autres couleurs, mettant ainsi en évidence le caractère purement expérimental de chaque couleur que nous percevons.

Les éléments qui précèdent nous permettent déjà d'effectuer une première classification. D'abord les trois couleurs élémentaires : bleu, jaune, rouge ; puis leurs combinaisons deux à deux : vert, orange, violet ; enfin leur combinaison trois à trois : blanc.

Mais l'observation des corps éclairants diversement colorés, leur comparaison, leur superposition, sont assez difficiles et assez rares. De même que le soleil, les sources lumineuses artificielles se rapprochent beaucoup du blanc, et leur différence de coloration est assez faible. Au contraire, si nous observons les corps éclairés, nous les trouvons dans le domaine le plus riche qui puisse tomber sous nos sens. Là, variabilité infinie dans la coloration, différences profondes et nombreuses, toutes les intensités, tous les contrastes, toutes les combinaisons.

La lumière solaire, avons-nous dit, est la source générale d'éclairage du milieu dans lequel nous vivons.

A cette lumière, les corps éclairés présentent des colorations particulières. L'étude générale de ces colorations permet de voir que, comme pour les corps éclairants, elles comportent trois teintes fondamentales (bleu, jaune, rouge) qui servent à former toutes les autres. Les combinaisons deux à deux donnent trois autres tons (vert, orangé, violet). Enfin la combinaison trois à trois donne une couleur (blanc).

Maintenant, l'expérience montre le fait curieux suivant : si sur une feuille de papier blanc j'étends une légère couche de laque carminée, j'obtiens le rose pâle, et si je redouble toujours cette couche, j'obtiens successivement le rose, le rose vif, le rouge, le rouge foncé, le noir. Si je fais l'expérience avec du bleu, j'obtiens tous les tons intermédiaires du bleu pâle au bleu foncé et même au noir si la couche est assez épaisse. Nous pouvons donc dire que les teintes du rose clair au rouge sombre sont des combinaisons graduées du blanc et du rouge (blanc du papier, rouge de la couleur appliquée); que les teintes du bleu clair au bleu sombre sont des combinaisons graduées du blanc et du bleu. Or, le langage, entre un bleu clair et un bleu foncé, dit que le second est plus intense que le premier. Ce mot est donc pris dans ce sens que la combinaison blanc-bleu est plus intense en bleu dans le second cas que dans le premier. Voilà pourquoi, lors de l'étude de l'intensité de la couleur, j'ai réservé ce mot qui caractérise, comme nous le voyons ici, non deux teintes différant d'intensité lumineuse, mais deux combinaisons différant par la proportion des éléments.

Un autre fait fourni par l'observation est que le bleu et le rouge, pris en masses, paraissent noirs. Il en est de même des combinaisons où ils entrent seuls (violet, indigo, etc...) Au contraire, le jaune reste toujours jaune quelle que soit sa masse, et les combinaisons où il entre en suffisante quantité ne paraissent jamais noires. Il suffit d'ouvrir une boîte de couleurs pour distinguer de suite les jaunes, le vermillon, le vert clair et les tons composés de blanc associé à d'autres couleurs, tel que le bleu cendré. Le carmin, le bleu de Prusse, les violets et tant d'autres forment au contraire des masses noires.

Il n'y a donc d'éclairé toujours visible que le jaune et le

2

blanc. Mais le blanc est un composé de jaune et de bleu-
rouge qui sont noirs. Le jaune semble donc, à première vue,
être l'essence même de la couleur lumineuse dont les autres
tons ne seraient que des gradations. Il y a là tout un ordre
d'études qui ne peuvent être ici qu'ébauchées.

Par les quelques aperçus qui précèdent, on peut voir
que la comparaison des couleurs, rationnellement instituée,
semble devoir être fructueuse. En tous cas, c'est le seul
procédé de coordination des colorations qui soit à notre
portée, et, même s'il était démontré que c'est là un ordre
de sensations purement subjectives, il n'en resterait pas
moins nécessaire à notre activité pratique.

Reste à voir dans quelles conditions s'effectue cette
comparaison des couleurs. Dans la vie courante, quand
nous voulons comparer deux couleurs, nous nous plaçons
dans les conditions nécessaires à l'élimination des causes
d'erreur, tant subjectives qu'objectives ; nous choisissons
une claire lumière et nous mettons à côté l'un de l'autre
les deux tons à considérer. Nous nous plaçons ainsi dans
la situation la plus favorable pour éviter toute chance
d'erreur, quoique, en définitive, l'œil étant le seul juge, il
y ait toujours un côté personnel d'appréciation qui ne peut
être évité et que l'on réduit seulement à son minimum
d'intervention.

FORME VISUELLE

On appelle forme visuelle la partie d'un ensemble visuel
occupée par une ou plusieurs couleurs déterminées. Il n'y a
forme visuelle que parce que l'œil perçoit simultanément
des couleurs et des intensités lumineuses différentes. Si,
de même que chaque son embrasse l'oreille entière, chaque
couleur affectait l'œil entier, la forme visuelle des corps
n'existerait pas. Nous serions privés ainsi de l'élément
le plus précis de nos sensations.

Je dis le plus précis et non le plus exact, car il n'y en a
peut-être pas un qui corresponde moins à la réalité dans
l'immense majorité des cas. Cela tient aux conditions
mêmes de la vision. Une petite surface circulaire de la

rétine est seule sensible aux impressions lumineuses : nous ne percevons donc que les corps dont les rayons lumineux frappent cet endroit sensible. D'un autre côté, les rayons lumineux sont dirigés suivant la ligne droite qui joint notre œil au corps qui les émet. Il s'ensuit que nous percevons tous les corps dont les rayons lumineux frappent la partie impressionnable de la rétine. Dans ces conditions nous percevons, non la distance réelle entre deux points lumineux, mais la projection, suivant les lois de la vision, de cette distance sur la surface de la rétine. Il est facile de comprendre dès lors que cette distance n'est vue en vraie grandeur que quand la ligne qui joint les deux points lumineux est parallèle au plan sensible de la rétine ; qu'une surface plane n'est vue en vraie grandeur que quand elle est parallèle au plan sensible de la rétine, et qu'un volume ne peut jamais être vu en vraie grandeur puisque certaines de ses faces sont toujours cachées ou obliques.

La différence entre l'apparence visuelle et la forme réelle est telle qu'elle a donné naissance à toute une manière de représenter les corps, à un genre particulier de dessin, à la *perspective*, qui est l'art de représenter les corps tels qu'ils nous apparaissent à l'œil.

Le mode de perception établi, restent à déterminer les limites de cette perception. Tout ce qui peut différencier les parties d'une perception visuelle, par cela même limite les formes. Or, nous savons que les lumières diffèrent en intensité et en couleur. Ce sont donc lu les deux conditions de détermination des formes visuelles.

Procédant de ces deux causes, les formes visuelles sont soumises aux défectuosités que nous y avons constatées. Nous n'y reviendrons pas. Mais il est des difficultés propres à la forme même. Au fond, le grand but de toute recherche dans cet ordre de spéculations est de déterminer la forme des corps, de les différencier les uns des autres. Or, le problème est complexe. En fait, un corps quelconque présente toujours simultanément un certain nombre de teintes. Un cube présente pour chaque face visible une teinte nettement différente de celle des autres. D'un autre côté, ces différences sont souvent plus accentuées entre les parties d'un même corps qu'entre ce corps et ceux qui l'entourent. Les faces du cube, par exemple, diffèrent beaucoup plus entre elles de coloration que du milieu où elles se trouvent. Dans ces conditions, la liaison entre les teintes qui caractérisent un corps et leur séparation d'avec le milieu est une opération souvent fort difficile à effectuer et quelquefois même inexécutable. Au fond, tout l'art du peintre consiste à rendre cette séparation impossible en reproduisant sur une surface plane tous les tons d'une scène particulière, de manière à créer l'illusion de la séparation des parties.

La séparation entre deux couleurs est d'autant plus difficile qu'elles diffèrent moins l'une de l'autre, soit d'intensité lumineuse, soit de coloration. La forme est donc d'autant plus nette que ces séparations sont plus tranchées.

La coexistence simultanée de colorations différentes nous donne la notion de *forme ;* leur déplacement les unes par rapport aux autres nous donne la notion de *mouvement.* Mais là aussi que de causes d'erreur.

Tout déplacement d'un corps, suivant une ligne déterminée, pendant un temps moindre d'un cinquième de seconde, nous donne la notion de cette ligne même. Une pierre que nous faisons tourner rapidement au bout d'une corde, nous donne la sensation d'une circonférence. (C'est sur ce principe qu'est basé le cinématographe). Un cercle que nous faisons tourner rapidement autour d'un de ses diamètres, nous donne la sensation d'une sphère.

Si nous examinons les corps eux-mêmes, nous trouvons de nouvelles difficultés. La forme visuelle des corps varie suivant leur position par rapport à nous. D'un autre côté, les corps se présentent à nous sous trois aspects : solide, liquide ou gazeux, suivant la température et la pression. Qui de nous ne connaît l'eau sous ses trois aspects de glace, d'eau, de vapeur. Or, des trois, la forme solide seule est permanente et encore, combien larges sont les limites. Les corps se dilatent par la chaleur ; se resserrent par la pression, telle l'éponge. Le caoutchouc prend les formes les plus variées suivant les tiraillements auxquels il est soumis. Les uns se racornissent sous l'action du feu ; d'autres se gonflent sous l'action de l'humidité. Bref, la forme d'un

corps, c'est sa forme à une température et à pression déterminées.

Comme toute notre existence se déroule entre des limites
très étroites de température et de pression, spontanément,
quand on parle de la forme d'un corps, on sous-entend : à
ces influences normales ; mais il était nécessaire de faire
voir que cet état, normal pour nous, ne correspond en réalité qu'à un état particulier de la forme des corps dans des
conditions étroitement déterminées.

Enfin, si nous examinons l'influence du milieu interposé
sur la forme visuelle des corps, nous voyons qu'elle est
énorme. Quand le milieu est transparent, il réfracte les
rayons lumineux toutes les fois que ceux-ci passent d'un
milieu d'une certaine densité à un milieu d'une densité
différente ; de plus, la réfraction ne s'exerce pas semblable-
ment sur tous les rayons. Il s'ensuit que la forme visuelle
est modifiée. C'est pour cette raison que les objets nous
paraissent déformés au travers d'une vitre très oblique,
que le soleil couchant nous semble quelquefois ovale, que
la loupe et le microscope grossissent les objets, etc.

Quand le milieu est opaque, il réfléchit les rayons lumineux avec toute la variété possible, soit comme direction,
soit comme intensité, suivant les corps. Une glace nous fait
voir les objets dans une direction tout autre que leur direction réelle ; suivant qu'elle est concave ou convexe, elle
déforme d'une façon différente les images qu'elle reproduit.

En troisième lieu, l'épaisseur du milieu, autrement dit la
distance qui nous sépare du corps impressionnant, influe
toujours sur la dimension de l'image visuelle.

Par suite des conditions de la vision, pour qu'un objet
soit vu en vraie grandeur, il faut deux conditions : d'abord
qu'il soit parallèle à la surface de la rétine, ensuite que sa
distance au cristallin soit égale à celle qui sépare le cristallin du fond de la rétine, c'est-à-dire 1 cent. 1/2 environ.
Il est évident que si nous pouvons souvent obtenir le parallélisme, nous ne pouvons à peu près jamais nous rapprocher à une aussi petite distance de l'objet qui, même dans
ce cas, ne pourrait être vu en vraie grandeur que si ses
dimensions n'excédaient pas celles de la surface sensible

de la rétine. Comme ces conditions ne peuvent être réali-
sées qu'exceptionnellement, on peut dire que l'image réti-
nienne est toujours plus petite que l'objet qui l'a produite
et que ce que nous appelons « vraie grandeur » doit être
défini « la plus grande dimension possible de l'image
visuelle d'un objet situé à une distance déterminée ».

Par l'ensemble des considérations qui précèdent, il est facile de se rendre compte que cette chose qui paraît si simple,
de déterminer la forme visuelle d'un corps, est au contraire
extrêmement complexe. Heureusement pour nous, comme
pour la lumière, comme pour la couleur, le milieu s'est
trouvé spontanément assez stable pour ne nous présenter
qu'un cas particulier de chaque difficulté qui est devenu
ainsi, par la force des choses, l'état normal auquel nous ramenons tous les autres. Nous percevons les corps à la lumière
solaire, au travers de l'air, à une température peu variable
et à une pression sensiblement constante. Pour nous mettre
d'accord sur une forme, il ne nous reste plus qu'à remplir
la condition de parallélisme et à choisir une distance déterminée. Comme cette dernière condition elle-même présente
des difficultés, l'on préfère se mettre d'accord sur une
dimension déterminée qui sert à comparer toutes les autres.

Les impressions visuelles variant en surface, le procédé de
classement consiste à comparer ensemble soit les surfaces,
soit les lignes qui séparent les surfaces les unes des autres.
Mais il est facile de comprendre que la comparaison exige
des conditions toutes particulières pour être exactement
faite. On superpose les surfaces et, en examinant chaque
arête sous le même angle droit, nous voyons si elles coïncident.

Il en va de même pour comparer deux lignes. Nous les
juxtaposons et nous nous plaçons dans les mêmes conditions
angulaires, pour voir si les extrémités coïncident. Si nous
mesurons une ligne droite avec un mètre, tout se réduit,
en dernière analyse, après avoir fait exactement coïnci-
der ces deux longueurs, à voir à quelle division du mètre
correspond l'extrémité de la ligne ; autrement dit, à voir si
l'extrémité de la ligne et la division correspondante du
mètre coïncident exactement.

Or, il est facile de se rendre compte que c'est la chose

que nous pouvons le mieux déterminer, avec le plus de précision. De toutes nos déterminations sensorielles, c'est évidemment la plus précise, celle où l'on risque le moins de se tromper, celle en un mot où intervient le moins le coefficient personnel. Et c'est pour cette raison que, malgré tous les défauts inhérents à la forme visuelle, nous ramenons autant que possible toutes nos autres comparaisons à celle-là : constater si deux points coïncident exactement. C'est en la facilité relative, et en la grande précision d'une telle constatation, que réside toute la supériorité de la vision au point de vue de l'exactitude des mesures.

SON

Le son, étant une sensation élémentaire, ne comporte pas de définition. On ne peut, pour spécifier cette sensation, que désigner l'organe qui la perçoit :

1° *Le son, ou sensation sonore, est la sensation spéciale à l'oreille.*

L'expérience fait voir que tout son provient d'un ou plusieurs corps vibrants, d'où :

2° *Tout son est produit par un corps matériel.*

Comme pour la vue, la sensation sonore et la propriété des corps qui la détermine portent le même nom :

3° *La propriété qu'ont les corps de déterminer en nous des sensations sonores s'appelle son.*

Une propriété commune à tous les sons perçus, c'est *l'intensité.* Un son quelconque est toujours d'une certaine intensité. C'est cette propriété que nous étudierons d'abord.

Les sons se différencient les uns des autres par leur genre. Suivant celui-ci, on les appelle bruits, timbres, accords, sons simples de telle ou telle hauteur. Nous étudierons en second lieu cette propriété.

Par suite de sa construction particulière et des conditions spéciales dans lesquelles elle perçoit, l'oreille est entièrement impressionnée par chaque son particulier. Il en résulte cette conséquence capitale que les sons n'ont pas de forme. En effet nous avons vu, lors de l'étude de la vision, que la forme des couleurs tenait à ce que chacune d'elles n'impressionnait qu'une partie limitée de la rétine, et que leurs dimensions respectives correspondaient aux étendues qu'elles impressionnaient. Ici chaque sensation, impressionnant la totalité de l'oreille, ne se différencie pas des autres en étendue, et ne nous donne aucune notion de forme. L'étude de la forme des sons ne peut donc être faite.

INTENSITÉ

Caractères subjectifs. — Un son d'intensité moyenne est perçu normalement. La limite supérieure de l'intensité est donnée par la résistance au déchirement qu'oppose le tympan lorsqu'il vibre sous l'influence d'un son de plus en plus intense. La limite inférieure varie, suivant les individus, entre des limites assez larges. L'âge exerce une influence énorme sur la sensibilité de notre perception auditive, de même que l'absence de tympan, quand celui-ci a été détruit par une cause quelconque.

Quand plusieurs sons sont émis simultanément, ils se superposent les uns aux autres dans l'oreille et l'intensité du son composé perçu est égale à la somme des intensités des sons élémentaires. Ici, nous sommes dans un état constant d'illusion. En effet, comme les sons se superposent, se combinent, pour former un seul son composé, nous croyons n'entendre qu'un son, alors qu'en réalité, il y en a plusieurs d'émis. L'intensité globale étant la somme des intensités élémentaires, nous croyons entendre un seul son intense, alors qu'en réalité il y a souvent d'émis une infinité de sons relativement faibles. C'est ce que nous ressentons lorsque nous pénétrons dans une usine où l'oreille est frappée par un bruit intense et continu formé par l'ensemble des mille bruits, chacun souvent très faible, provenant des multiples activités qui se manifestent sous nos yeux.

De plus, lorsque, dans un bruit composé, l'un des bruits

élémentaires est beaucoup plus intense qu'un ou plusieurs des autres, il arrive à les masquer complètement. C'est ce qui se produit à la perception d'un coup de tonnerre, d'un coup de canon, de fusil, etc., où le bruit principal masque complètement les bruits secondaires qui n'en existent cependant pas moins.

Nous ne pouvons comparer ensemble, au même moment, que les bruits élémentaires que nous pouvons distinguer les uns des autres dans un bruit composé. C'est dire combien rudimentaire et obscure est cette comparaison. Nous ne pouvons pas dire avec précision quand deux sons élémentaires simultanés sont égaux en intensité. Nous ne pouvons constater que leur différence d'intensité, et encore d'une façon vague, par exemple en disant que l'un est plus intense sans pouvoir préciser si son intensité équivaut à 2, 3 ou 10 fois celle de l'autre, et encore faut-il que les sons élémentaires comparés soient de nature différente, car s'ils sont de même nature, ils se confondent ensemble.

Sous l'impression d'une sensation sonore continue, la perception s'émousse, le son semble perdre de son intensité et, vienne s'y ajouter un son nettement différent, celui-ci nous semblera relativement à l'autre, plus intense qu'il ne l'est en réalité. Si l'on pénètre dans un atelier à bruit intense continu, au premier abord, l'on n'entend rien autre chose que ce bruit, puis, au bout d'un temps plus ou moins long, l'oreille s'habitue et l'on peut suivre une conversation, ce qui était impossible au début. Bien plus, si l'on demande à un ouvrier habitué à ce milieu si la parole de son camarade est aussi intense que le bruit ambiant, il répond sans hésiter qu'elle est plus intense, alors qu'il n'en est souvent rien en réalité.

———————

Si nous étudions maintenant les intensités quant à leur durée et à leur succession, nous voyons que l'oreille perçoit bien l'intensité d'un son soutenu. Cette perception est exacte lorsque l'intensité ne dépasse pas une certaine limite, qui n'a jamais été exactement mesurée. Au contraire, la limite inférieure est connue, car il a été constaté qu'une sensation sonore dure au moins 1/16ᵉ de seconde. Quand l'intensité est trop forte, la sensation sonore persiste un certain temps après que le son a cessé d'être émis. D'un autre côté, un son moindre de 1/16ᵉ de seconde semble de cette durée.

Quand un son composé est formé de plusieurs sons élémentaires de même nature, il est impossible de les distinguer les uns des autres; l'intensité totale est la somme des intensités particulières et l'augmentation ou la diminution du nombre des sons élémentaires ne se manifeste que par une variation en plus ou en moins dans l'intensité du son perçu.

Quand un son composé est formé de sons élémentaires de nature différente, toute variation dans l'intensité d'un son élémentaire ne modifie que ce son, quand il est distinctement perçu dans le son composé. C'est ce qui fait qu'en chemin de fer nous pouvons causer, car les variations de la voix tranchent sur le bruit sourd et continu du train. Mais si les variations sont nombreuses, elles s'ajoutent ou se neutralisent et l'ensemble devient indistinct : c'est ce qui se produit pour celui qui écoute plusieurs personnes parlant à la fois. De plus, une suite de sons discontinus, mais séparés par des intervalles moindres de 1/16ᵉ de seconde, produit une impression sonore continue, en désaccord avec la réalité.

La comparaison entre l'intensité de deux sensations sonores successives, d'ailleurs continues, donne d'assez bons résultats quand on recherche l'égalité. Nous pouvons dire si deux sons qui se suivent sont également intense et la moindre variation dans leur intensité est perceptible. La comparaison d'inégalité donne des résultats certains mais imprécis. Nous pouvons dire si un son est plus ou moins intense que celui qui vient de le précéder, mais nous ne pouvons dire dans quelle mesure. Dans un son composé, nous pouvons suivre les variations d'intensité d'un ou plusieurs des sons élémentaires, quand ils tranchent suffisamment sur l'ensemble, et l'orchestration tire beaucoup d'effets de cette propriété. C'est en partie grâce à elle que nous pouvons suivre une conversation en voiture, en chemin de fer, dans la rue, etc...

Les limites de la comparaison sont étroites; quand les sensations sonores sont par trop intenses, il est impossible de les comparer. De même, quand elles sont trop faibles, tout se confond dans un murmure indistinct. Enfin si les sons de même nature ne peuvent être comparés quand ils sont émis simultanément, car ils se confondent, on peut au contraire suffisamment les comparer quand ils sont émis successivement, et l'on sait tous les effets tirés par la musique des variations d'intensité dans les sons continus (violon) et même discontinus (piano).

Un son violent laisse l'oreille insensible, pendant un certain temps, aux sons qui le suivent et il nous semble qu'il n'y en a point d'émis, d'où impossibilité de les comparer.

D'un autre côté, les sons trop intenses nous semblent légèrement plus longs qu'ils ne le sont en réalité et tous les sons inférieurs à 1/16° de seconde, bien que pouvant être inégaux, nous semblent tous de cette longueur. Mais ce sont là des cas exceptionnels.

Conditions objectives. — L'expérience permet de constater qu'à l'état de repos les corps ne sont pas sonores. Pour qu'ils le deviennent, il faut qu'ils subissent un choc ou un frottement. Une analyse plus complète du phénomène montre que, dans ces deux cas, le corps vibre et qu'à cette vibration est intimement liée la sensation sonore. Elles naissent ensemble, se modifient ensemble et disparaissent ensemble, tout au moins entre de certaines limites que nous déterminerons en étudiant les différents genres de sons.

En poussant plus loin l'analyse, on constate que l'intensité d'un son varie avec l'amplitude des vibrations auxquelles est soumis le corps qui l'émet. Plus les vibrations ont d'emplitude, plus l'intensité du son est grande.

La limite supérieure de l'intensité dans l'émission d'un son, correspondant au maximum d'amplitude des vibrations, est donnée par la limite extrême de résistance du corps à la rupture produite par l'exagération de ces amplitudes. Quant à la limite inférieure, elle semble devoir correspondre seulement à la non existence de vibrations. Je dis « semble », car c'est là un fait de déduction logique sans vérification possible. Nous avons vu que les sons cessent d'être perçus quand ils sont trop faibles; or, à cet instant, les vibrations existent encore avec une certaine amplitude; plus l'oreille est sensible, plus cette limite est abaissée, ce qui nous permet de supposer que pour une oreille suffisamment sensible, elle correspondrait à la disparition de toute vibration.

Si nous examinons les conditions objectives de plusieurs sons émis simultanément ou successivement, nous voyons qu'elles ne diffèrent pas de celles d'un son unique, si ce n'est par le nombre.

Conditions de milieu. — Par suite des conditions dans lesquelles sont émis et perçus les sons, le corps sonore initial n'est jamais en contact avec l'organe sensible et un milieu matériel suffisamment pondérable est nécessaire pour transmettre de l'un à l'autre les vibrations sonores. Ce milieu intermédiaire peut être solide, liquide ou gazeux. A l'état normal, par suite de la construction de l'oreille, l'air seul peut mettre le tympan en vibration; mais entre le corps vibrant et le pavillon externe de l'oreille, le milieu extérieur peut être composé d'une seule, de deux quelconques ou des trois formes physiques des corps intermédiaires. Lorsque le milieu interposé est entièrement gazeux, l'intensité des sons perçus s'affaiblit à mesure que la distance augmente et que la densité diminue. De plus, il faut que la force mécanique des vibrations primaires soit suffisante pour vaincre l'inertie du milieu à faire vibrer. Lorsqu'elle n'est pas suffisante, les sons émis n'affectent pas l'ouïe.

De ces considérations il résulte que la force mécanique des vibrations primaires devant être suffisante pour vaincre l'inertie du milieu et une certaine force étant toujours absorbée par ce travail, l'intensité perçue est toujours inférieure à l'intensité des sons émis. Par suite, nous vivons dans une illusion constante. Toutes les intensités perçues sont inférieures aux intensités émises; pour une même intensité initiale, les intensités perçues sont d'autant plus faibles que nous sommes plus éloignés, que le milieu aérien est moins dense. Un milieu hétérogène arrête même quelquefois les sons. C'est pour cela que nous n'entendons plus la conversation qui a lieu dans la salle voisine lorsqu'on ferme la porte de communication. De plus, les surfaces réfléchissent les sons et donnent lieu au phénomène de l'écho, où nous percevons deux et quelquefois plusieurs sons, alors qu'il n'y en a eu qu'un seul d'émis. Les corps solides, suivant leur nature, étouffent plus ou moins les sons ; les tapis, les tentures arrêtent les vibrations sonores, même suffisamment intenses, là où la porte ou la cloison les laissent passer.

Les mêmes phénomènes s'appliquent à chaque sensation sonore lorsqu'un certain nombre de celles-ci, soit de même nature, soit de nature différente, sont émises simultanément.

La comparaison entre l'intensité de deux ou plusieurs sons de même nature ne peut être faite lorsque ces sons sont émis simultanément, puisqu'ils se confondent et s'ajoutent dans l'oreille. Nous avons vu que nous ne percevons jamais un son avec son intensité exacte, parce que le milieu absorbe une certaine partie de cette intensité. Il est facile d'en conclure que la comparaison entre les intensités de sons différents émis simultanément est fortement influencée par les conditions de milieu. Dès que celles-ci ne sont plus exactement les mêmes pour tous les sons dont nous comparons les intensités, il y a illusion. Tels sons nous semblent plus intenses que d'autres, alors qu'en réalité ils sont plus faibles, simplement parce qu'ils sont émis plus près de nous ; deux sons de même intensité nous semblent très différents, simplement parce que l'un est émis à l'air libre, et l'autre dans un porte-voix ; une porte, une cloison, une tenture affaiblissent un son émis très près de nous et le font paraître plus faible que celui émis à une distance beaucoup plus grande, mais qui nous parvient sans autre intermédiaire que l'air, etc.

Si nous examinons maintenant l'influence du milieu sur les intensités sonores considérées dans leur succession, nous nous trouvons de nouveau en présence de phénomènes spéciaux.

Un son émis avec une intensité constante ne détermine une sensation sonore à intensité également constante que si les conditions de milieu restent invariables. Dans le cas contraire, l'intensité diminue à mesure qu'augmente la distance qui nous sépare du corps sonore, que les intermédiaires sont plus difficiles à ébranler ; l'intensité augmente si nous nous rapprochons du corps vibrant, si le milieu intermédiaire devient plus apte à transmettre les sons, si la résonnance ou la réflexion viennent renforcer l'onde sonore, etc... Les limites sont celles de la perception des sons ; si l'intensité est trop faible, le milieu n'est ébranlé que sur une partie de sa longueur et le son ne parvient pas jusqu'à nous.

Les quelques lignes qui précèdent font toucher du doigt toutes les illusions que nous pouvons éprouver. Un son d'intensité constante détermine une sensation dont l'intensité varie constamment, suivant qu'il se rapproche, s'éloigne, est plus ou moins masqué par des murs, des cloisons ou des tentures, qu'il ébranle au contraire des surfaces sonores, tel un porte-voix, qu'il est renforcé par la réflexion des ondes sonores sur une surface convenablement disposée, ou enfin semble s'éteindre complètement si le milieu devient assez compact pour absorber les vibrations sans être ébranlé jusqu'à nous.

Les sons se transmettent dans l'air avec une vitesse relativement faible, environ 340 mètres à la seconde. Il s'ensuit que si le corps sonore reste à une distance constante de nous pendant tout le temps où il émet un son, la durée de la sensation sonore correspond exactement à celle du son émis, à la condition toutefois que : 1° l'intensité soit toujours suffisante pour nous être transmise, sinon le son semble fini alors qu'en réalité il dure encore ; 2° que des surfaces réfléchissantes ne renvoient pas des ondes sonores dans des directions autres que la nôtre, car ces ondes réfléchies nous parvenant après les ondes normales, prolongent la sensation sonore plus que la réalité ne l'exige.

Si le corps sonore se rapproche de nous, la durée du son perçu est plus petite que celle du son émis. Il est facile de s'en rendre compte.

Pour cela, il suffit de donner au phénomène des limites suffisamment larges. Si nous supposons qu'un son d'une durée de trois secondes est émis au début à 3×340 m. de nous et que, le corps vibrant se rapprochant, la fin de l'émission ait lieu à 2×340 m., en un mot que le corps vibrant s'est rapproché de 340 m. en trois secondes, la première impression sonore nous parviendra trois secondes après l'émission du son, la dernière deux secondes seulement après la fin du son, c'est-à-dire une seconde plus tôt que cela n'aurait eu lieu si le corps sonore n'avait pas changé de place. La sensation sonore, au lieu de durer trois secondes, comme le son émis, durera donc une seconde de moins, soit deux secondes.

Le phénomène inverse se serait produit si le corps sonore, au lieu de se rapprocher, s'était éloigné de nous. La vérification expérimentale de ce fait est fréquente. Lorsque, dans un orage, une conflagration électrique se produit dans les nuages, elle est toujours accompagnée d'un éclair et d'un bruit violent. Or, cette conflagration, dénoncée par l'éclair qui l'accompagne, a pour caractère essentiel d'être instantanée. Le bruit qui l'accompagne possède le même caractère et est aussi instantané. Mais, la conflagration s'étendant quelquefois sur plusieurs kilomètres, chacune des parties du bruit qui l'accompagne ne parcourt que 340 mètres par seconde et ne nous parvient pas en même temps que les autres ; aussi perçoit-on les plus rapprochées d'abord et les plus éloignées les dernières.

Cependant les illusions produites, bien que constantes, présentent rarement cette importance. Le plus souvent elles diffèrent assez peu de la réalité pour passer inaperçues.

Quand les sensations successives sont de même nature ou de nature différente, l'influence du milieu s'exerce sur chacune comme si elle était seule, et par conséquent dans les conditions que nous venons d'étudier.

La comparaison entre les intensités successives d'une même sensation sonore exige, pour donner des résultats correspondant à la réalité, l'éloignement de toutes les causes d'illusion inhérentes au milieu et que nous venons d'étudier. Il suffit, dans la pratique, que la distance entre le corps sonore et nous reste sensiblement constante.

Rectification. — L'étude qui précède nous a permis de voir la défectuosité de notre perception des sons et les difficultés que nous trouvons à les comparer.

De plus, comme nous ne percevons jamais une intensité égale à l'intensité du son émis, nous ne pouvons comparer que des intensités mitigées.

Aussi la comparaison entre les différentes intensités n'a-t-elle encore aucune précision, si ce n'est dans la recherche de l'égalité. Sortis de là, nous employons seulement les termes vagues de plus ou moins intense, beaucoup ou légèrement plus intense, sans qu'aucun lien relie entre eux ces différents comparatifs et les rende même semblables à eux-mêmes dans les différents cas où nous les employons. Nous manquons d'une base objective de comparaison. Tout ce que nous pouvons faire est de nous placer dans les meilleures conditions possibles, de ne comparer que des sensations bien perçues, c'est-à-dire d'intensité moyenne, dans les conditions de milieu les plus favorables comme transmission et comme fixité, autant du moins que les circonstances particulières aux corps sonores nous le permettent.

DIFFÉRENTS GENRES DE SONS

Conditions subjectives. — Tout corps, vibrant avec une intensité suffisante, détermine en nous une sensation sonore particulière, ayant ce caractère de fixité qu'à un même nombre de vibrations correspondent toujours des sensations sonores semblables. Pour qu'il y ait perception des sons, il faut que le corps sonore effectue au moins 8 et au plus 37,000 vibrations doubles par seconde. Ces limites varient un peu avec les individus, aussi est-il permis de supposer qu'avec un sens plus parfait nous percevrions des sons soit plus élevés, soit plus graves que ceux perçus actuellement.

Chaque son embrassant l'oreille entière, si deux ou plusieurs sons de même genre nous parviennent simultanément, ils se confondent et il nous est impossible de les distinguer les uns des autres. Nous percevons un son semblable, mais dont l'intensité est la somme des intensités élémentaires.

Si des sons simultanés sont de genres différents, ils se fondent en un son complexe, dans lequel les sons élémentaires sont la plupart du temps impossibles à séparer les uns des autres. Ce n'est que par une expérience répétée et à l'aide des autres sens que nous pouvons, dans certains cas, dire que tel son que nous percevons est composé de tels et tels sons élémentaires, ou de tels et tels sons provenant de telles et telles sources différentes. Il en résulte que l'art de classifier les sons serait encore fort peu avancé, si nous ne pouvions comparer que des sons élémentaires simultanément émis. Aussi ne pourrons-nous étudier sérieusement la théorie du son que lorsque nous comparerons les émissions non plus simultanées, mais successives. Nous sommes donc forcés d'anticiper sur les résultats de cette recherche ultérieure pour ne pas intervertir l'ordre de nos études.

Quand les sons émis simultanément sont de même hauteur, mais de timbres différents, il est très difficile de les séparer les uns des autres et même impossible dans la plupart des cas. Par exemple, quand plusieurs personnes chantent à l'unisson, il nous est impossible de reconnaître le timbre de chaque voix.

Quand les sons émis sont de hauteurs différentes, la difficulté pour les distinguer les uns des autres est moins grande que dans le cas précédent, quoiqu'elle soit encore au-dessus de nos moyens.

Par contre, nous pouvons très rigoureusement effectuer la comparaison d'égalité, c'est-à-dire reconnaître si deux ou plusieurs sons simultanément perçus sont à l'unisson ou diffèrent de hauteur les uns des autres.

De plus, quand ils diffèrent, la sensation perçue est agréable ou désagréable. Dans le premier cas, nous disons qu'il y a *consonnance* ou *accord*, dans le second *dissonnance*. Il a été constaté que la consonnance est d'autant plus parfaite que le rapport entre les chiffres représentant le nombre des vibrations de chaque son élémentaire est plus simple. Quand au contraire les rapports sont complexes et les sons élémentaires nombreux, tout devient indistinct et nous ne percevons plus qu'un *bruit* plus ou moins confus.

L'harmonie est l'art basé sur la sensation auditive agréable produite par la combinaison de sons, simples comme hauteur, quoique souvent fort complexes comme timbre. C'est l'art correspondant aux sensations auditives

3

simultanées dont nous venons d'étudier les défectuosités et
le fonctionnement imparfait.

———————

La perception de la durée d'un son se fait normalement, c'est-à-dire qu'il y a généralement une exacte corres·
pondance entre le son émis et le son perçu. Des sons de
même nature, émis successivement, forment un son continu
et ne diffèrent les uns des autres que par leurs variations
d'intensité ; mais il y a illusion toutes les fois que l'émission ·
provient de sources différentes, car nous percevons comme
si tout provenait d'une source unique. Quand les sons
perçus successivement sont de nature différente, nous les
percevons bien et distinctement les uns des autres, sous ·
les réserves de durée étudiées à l'intensité.

Cette perception nette des sons successifs nous permet
de les comparer. La diversité des sons qui frappent notre
oreille est infinie et rendrait toute classification impossible
si certains sons, d'une part, ne s'imposaient à notre attention par leur origine même et, d'autre part, n'étaient
assez simples pour nous permettre d'y ramener les autres :
tel le son de la voix humaine.

La comparaison effectuée entre les différentes sensations
produites par la voix humaine sur notre organe auditif a
permis de constater qu'elles différaient en hauteur et en
timbre. Une même voix émet des sons plus graves ou plus
aigus les uns que les autres ; ces sons ont pu être classés suivant leur degré d'acuité progressive en une échelle
déterminée, d'où le nom de *hauteur* d'un son. C'est cette
propriété des sons qui est la base de la *mélodie.*

Mais, d'un autre côté, des sons de même hauteur provenant successivement de sources différentes, déterminent
en nous des sensations différentes : ce nouvel ordre de
différence est appelé *timbre.* C'est le timbre qui caractérise ·
les différentes voix émettant un son de même hauteur, qui
caractérise les différentes variations produites par l'articu-
lation dans l'émission de la même note : c'est le timbre qui
est la base du *langage.*

Nous voyons ainsi que trois grandes constructions sociales sont basées sur trois ordres différents de sensations subjectives et en déterminent en quelque sorte la classification. Le *langage* est basé sur le timbre; la musique repose en ses deux parties fondamentales : la *mélodie* sur la hauteur des sons, l'*harmonie* sur la combinaison de ces sons et les sensations qui en résultent.

L'étude de la voix humaine ainsi coordonnée nous permet d'y ramener les sons quelconques que nous percevons, quand ils sont suffisamment simples. Dans le cas contraire, nous ne pouvons déterminer les sons élémentaires qui sont combinés et le son entendu est désigné sous le nom vague de *bruit*. En fait, nous ne comparons avec quelque précision que la hauteur des sons; leur timbre n'a pas encore de commune mesure établie subjectivement, et il fallait les découvertes objectives de la physique pour nous permettre de ramener le timbre aux sons élémentaires.

Conditions objectives. — Il est d'observation constante que tout corps déterminant en nous des impressions auditives est animé d'un mouvement vibratoire, et qu'un même mouvement vibratoire détermine toujours un même son, toutes choses égales d'ailleurs. Poussée plus loin, l'étude permet de constater que la hauteur d'un son dépend du nombre de vibrations effectuées en un temps donné par le corps sonore, et qu'un nombre déterminé de vibrations produit toujours un son de même hauteur. Enfin, des corps de nature différente, effectuant un même nombre de vibrations, déterminent bien des sons de même *hauteur*, mais qui diffèrent de *timbre* les uns des autres. L'étude de celui-ci permet de le décomposer en ses éléments constitutifs et de voir qu'il n'est qu'une harmonie de sons élémentaires, dont les vibrations sont entre elles comme les nombres 1, 2, 3, 4, 5, etc...

Par suite de l'exacte correspondance constatée entre chaque son et un nombre déterminé de vibrations, la comparaison objective des sons a pu acquérir une précision que leur comparaison subjective n'avait pu atteindre. Il a suffi de déterminer le rapport entre le nombre des vibrations correspondant aux différentes notes subjectives de la gamme, pour fixer définitivement la relation qui existe entre les différentes parties de celle-ci. Nous avons ainsi transformé des comparaisons auditives confuses en une suite de comparaisons visuelles infiniment plus précises, en réduisant la part de l'oreille au minimum et en ne s'en servant que dans le cas où elle donne son maximum de précision, c'est-à-dire quand nous recherchons si deux sons sont ou ne sont pas de même hauteur.

L'étude objective de l'harmonie permet de constater que les accords sont d'autant plus agréables que les vibrations des corps sonores sont dans un rapport plus simple : $\frac{2}{1}$ octave, $\frac{3}{2}$-quinte, $\frac{4}{3}$ quarte, $\frac{5}{4}$ tierce majeure, $\frac{5}{3}$ sixte, $\frac{6}{5}$ tierce mineure.

Enfin, l'étude vibratoire des sons, par le seul fait qu'elle est objective et par conséquent indépendante de nous, nous a permis de trouver une base d'entente entre tous les individus pour comparer la hauteur des sons. Par une convention généralement admise, le nombre de vibrations adopté pour le la_3 est de 870 par seconde.

Et nous voyons cette détermination obtenue par le concours rationnel des sensations subjectives et de leurs bases objectives. On a choisi comme élément d'une commune mesure un fait objectif, par conséquent indépendant des variations individuelles : la *vibration;* et comme étalon, le nombre de vibrations doubles en une seconde correspondant à la tonalité moyenne de la voix humaine : le la_3. Ce nombre, qui est de 870 vibrations doubles par seconde, permet à tous de s'entendre sur des sons de hauteurs différentes émis en des lieux divers et à des époques quelconques.

Si nous examinons les conditions objectives de la production du son, non simultanément mais successivement, il n'y a aucune condition nouvelle à relater, les conditions étant les mêmes que dans le cas précédent. Seules des applications pratiques qui en sont faites sont intéressantes à signaler. C'est ainsi que le *phonographe* utilise la correspondance entre les sons et les vibrations pour inscrire celles-ci et les reproduire à volonté, ce qui redétermine les sensations sonores primitives. De même, une correspondance semblable constatée entre les courants ondulatoires et les vibrations sert de base au *téléphone*. Enfin une correspondance, non plus naturelle mais artificielle, a été établie entre les sons élémentaires et des signes particuliers tracés par la main de l'homme, et a donné lieu à ces deux admirables créations sociales : l'*écriture alphabétique* et l'*écriture musicale ;* la première constituant une véritable représentation graphique des variations du timbre individuel, la seconde la représentation graphique des hauteurs des sons. Par une anticipation heureuse, n'ayant pu découvrir tout d'abord de relations naturelles entre les sons et des phénomènes extérieurs, nous en avons créé d'artificielles. Nous pouvons dire que le phonographe est l'écriture naturelle des sons, que la musique et l'écriture alphabétique en sont l'enregistrement artificiel, et être fiers de notre ouvrage, car musique et écriture sont incomparablement supérieures au phonographe, comme mieux appropriées à nos besoins dans l'immense majorité des cas.

Influence du milieu. — Le milieu normal, c'est-à-dire l'air, transmet fidèlement le nombre et la forme des ondes sonores à notre oreille. Les diverses expériences qui ont précisé l'observation des faits courants de l'existence ont fait voir que pour un milieu intermédiaire mixte, c'est-à-dire comprenant une partie gazeuse et une partie soit solide soit liquide, les résultats sont les mêmes.. C'est ce que nous constatons facilement en percevant un chant ou une conversation au travers d'une porte ou d'une cloison : les sons nous parviennent affaiblis, mais avec leur nature propre.

Mais si ce fait est exact pour des sons considérés simultanément, il ne l'est plus que dans de certaines limites, pour des sons considérés dans leurs éléments successifs. En effet, un son est déterminé par une succession de vibrations communiquées à notre oreille, et si nous pouvons considérer la sensation à un instant donné, couper une tranche de son uniformité et l'examiner, il ne faut pas oublier que le phénomène déterminant, à savoir la rapide ondulation du corps sonore, est un phénomène qui n'a de réalité que dans le temps et non dans l'espace. C'est un mouvement, et comme tel, nous ne pouvons l'examiner que dans le temps, d'ailleurs pendant une période aussi petite que nous le voulons. Or, la hauteur d'un son perçu dépend du nombre de vibrations qui parviennent à notre oreille en une seconde, augmente ou diminue avec lui suivant le cas. Pour que nous percevions un son de même hauteur que le son émis, il faut donc que, pendant un temps donné, notre tympan soit ébranlé par un même nombre de vibrations que le corps sonore. C'est ce qui a lieu toutes les fois que la distance qui nous sépare de ce corps reste invariable. Mais si cette distance augmente ou diminue, la nature du son perçu se trouve immédiatement modifiée. En effet, nous savons que le son se propage dans l'air ordinaire avec une vitesse moyenne de 340 mètres à la seconde. Or si, par hypothèse, un corps sonore émet 600 vibrations à la seconde et vibre pendant deux secondes en se rapprochant de nous de 340 mètres, pendant ces deux secondes il aura émis en tout 1.200 vibrations. Si nous supposons que la première ne nous atteigne que 5 secondes après son émission, la dernière étant émise 340 mètres plus près, nous atteindra une seconde plus tôt, soit 4 secondes après son émission. La perception, au lieu de durer 2 secondes, durera donc une seconde de moins, soit une seconde en tout, pendant laquelle nous percevrons les 2×600 vibrations, soit l'octave aigu du son émis.

Si, au lieu de se rapprocher de nous, le corps sonore s'était éloigné de la même longueur, l'onde finale nous serait parvenue une seconde après son temps normal, soit au bout de $2 + 1 = 3$ secondes, et les 1,200 vibrations se répartissant sur 3 secondes nous eussent donné la quinte grave du son émis. C'est pour cette raison que le sifflet d'un train qui nous croise semble émettre deux sons, le plus aigu avant le croisement, le plus grave après le croisement.

Nous voyons ainsi que dès que la distance qui nous sépare d'un corps vibrant augmente ou diminue, nous ne percevons plus des hauteurs exactes. Toutefois, pour que la différence entre le son vrai et le son perçu soit perceptible à l'oreille, c'est-à-dire atteigne au moins la valeur d'un *comma*, il faut que la vitesse avec laquelle le corps sonore s'éloigne de nous soit d'environ 4 mètres à la seconde. C'est dire que dans la pratique courante de l'existence, nous ne nous apercevons pas des variations trop faibles pour être perçues, quoique néanmoins réelles.

La comparaison entre la hauteur de deux ou plusieurs sons ne peut donner des résultats conformes à la réalité, qu'autant que les corps sonores sont animés de mouvements identiques en direction et en vitesse.

Rectification. — Pour percevoir et comparer les sons avec le plus de justesse possible, nous nous plaçons dans les conditions où notre ouïe donne les sensations les plus nettes et les plus précises, en écartant les causes objectives d'erreurs. Pour percevoir la hauteur et le timbre des sons, l'observateur se tient assez près du corps sonore, sans aucun autre intermédiaire que l'air entre ce corps et lui, et ils restent tous deux en place ; autant que possible, on opère sur une intensité moyenne ; on évite tous les autres bruits et on ne produit les sons à percevoir que successivement, pour éviter qu'ils ne se confondent. Si nous voulons comparer la hauteur des sons, nous ne pouvons que dire s'ils sont ou non de même hauteur, puisque l'oreille n'apprécie nettement que les unissons ; quant à l'harmonie, l'oreille est assez bon juge pour déterminer les principaux accords, quand elle a reçu une éducation musicale suffisante.

La découverte de la corrélation parfaite entre les sons et les vibrations a considérablement amélioré les conditions d'entente au sujet des hauteurs de sons. Nous avons trouvé là ce qui nous manquait : une base d'entente indépendante des individus. Nous avons utilisé cette corrélation naturelle en transformant l'échelle auditive en échelle numérique ; autrement dit, à l'aide d'instruments appropriés, nous avons remplacé un procédé sonore par un procédé visuel. Notre étalon de hauteur, le *la*, n'est pas défini par le son qu'il représente, mais par les 870 vibrations qu'exécute tout instrument qui le donne. Mais il faut ajouter que la gamme était constituée longtemps avant que la corrélation des sons et des vibrations ait été découverte, et celle-ci nous a simplement amenés à consolider l'admirable construction de notre empirisme musical.

C'est seulement au milieu du xixᵉ siècle qu'une théorie positive du timbre a été émise et que Helmholz a fait voir que le timbre était constitué par des harmoniques du son fondamental, harmoniques ayant pour effet caractéristique de changer la forme des ondes du son fondamental sans en augmenter le nombre. Il a ainsi posé les bases d'une classification objective des timbres, opération qui de nos jours est encore loin d'être aussi avancée que la classification des hauteurs des sons.

Grâce à la découverte de Helmholz, nous savons maintenant qu'une complète unité réunit les différentes manifestations subjectives du son. *Intensité, hauteur* et *timbre* ne sont que les manifestations subjectives correspondant respectivement à l'*amplitude*, au *nombre* et à la *forme* d'un même phénomène : la *vibration*. Mais, inversement, cette unité n'a de valeur pour nous qu'en ce qu'elle permet de mieux perfectionner nos perceptions auditives sous leur triple aspect que cela n'était possible sous le régime de la culture empirique antécédente.

TOUCHER

Le sens du toucher comprend en réalité quatre sortes de sensations, différant essentiellement les unes des autres par les effets produits, et qu'un seul caractère commun réunit, celui d'être perçues par la peau. Ce sont : la *pression*, la *calorition*, l'*électrition* et la *musculation*.

La *pression* est la perception des contacts, plus ou moins intenses et étendus, entre notre peau et les corps extérieurs.

La *calorition* est la perception des variations de température subies par notre peau sous l'influence des corps extérieurs.

L'*électrition* est la perception de l'état électrique du monde extérieur. Cette perception est rapportée non à l'extrémité des nerfs, comme dans tous les autres cas, mais à une partie plus ou moins longue du parcours de ces nerfs.

Enfin, la *musculation* est la perception des efforts faits pour contracter les muscles. Cette perception a lieu au muscle lui-même et la peau n'intervient qu'en ce que, dans la plupart des cas, ce n'est qu'en exerçant une pression par son intermédiaire sur un corps quelconque que nous mettons en jeu notre activité musculaire.

PRESSION

Ce que l'on appelle communément *contact* ou *toucher* n'est, en réalité, que la *pression* exercée sur notre peau par un corps extérieur.

La pression ne peut être définie, elle se constate. Nous ne pouvons qu'en énoncer le siège. *La pression est une sensation spéciale a notre peau, tant interne qu'externe.*

L'expérience permet de voir que *la pression est toujours causée par un corps* avec lequel nous disons que nous sommes en contact.

Les pressions diffèrent les unes des autres en intensité et en étendue. Nous allons étudier successivement ces deux caractères.

INTENSITÉ

Caractères subjectifs. — Les conditions subjectives de la pression sont très défectueuses. Sauf en quelques parties bien douées sous ce rapport, telle la face interne des mains, notre peau ne perçoit que confusément les corps extérieurs qui pressent sur elle. L'expérience journalière nous fait voir que nous percevons fort mal la forme des objets qui nous touchent, et ce n'est que par une exploration prolongée avec les doigts que nous pouvons arriver à quelque exactitude à ce sujet.

Quand plusieurs corps nous touchent, nous percevons des différences dans l'intensité des pressions. Nous disons alors que tel corps exerce sur nous une pression plus ou moins intense que tel autre corps. Si, nos deux mains étant posées à plat sur une table, nous mettons sur elles deux verres de même forme, mais l'un plein et l'autre vide, nous percevons nettement la différence qui existe entre les deux pressions ressenties.

Mais si nous voulons comparer deux ou plusieurs pressions, nous ne pouvons le faire que d'une façon très vague, et il nous est aussi difficile d'apprécier leur exacte différence que de déterminer leur égalité : la comparaison est toujours défectueuse.

Si nous étudions maintenant une sensation dans le temps, nous percevons les variations de son intensité dans des conditions encore plus défectueuses que lorsqu'elles étaient simultanées, car nous ne pouvons comparer une sensation actuelle qu'avec un souvenir au lieu de la comparer avec une autre sensation.

Par suite de l'irrégulière sensibilité des différentes parties de notre peau, les illusions sont nombreuses : si un tube creux est appuyé sur la pulpe d'un doigt, nous en percevons nettement l'évidement intérieur ; si nous l'appuyons sur une autre partie du corps, nous ne percevons plus cet évidement, et la sensation est différente de la première. Il est facile de multiplier cet exemple ; les deux pointes d'un compas donnent, si elles sont écartées de deux millimètres, la sensation d'une pression, bien qu'il y en ait deux ; si nous les écartons un peu plus, les doigts perçoivent deux pressions alors que sur le reste du corps on n'en perçoit qu'une, et il faut, pour certaines parties de notre épiderme, un écartement de plus d'un centimètre pour percevoir deux pressions distinctes.

La grande condition qni domine toutes les sensations de pression, c'est la nécessité du contact entre le corps impressionnant et le corps impressionné. Si une pression nous est transmise par l'intermédiaire d'un corps quelconque, c'est celui-ci que nous percevons, et il nous faut le secours des autres sens pour nous rendre compte que ce n'est pas de lui qu'est partie l'action.

Les différences d'intensité des pressions exercées sur nous par les corps avec lesquels nous sommes en contact ont permis de classer ceux-ci sous des vocables particuliers. Ce sont d'abord trois grandes divisions correspondant à trois groupes d'intensités nettement distincts : les *solides*, les *liquides* et les *gaz*.

Les *gaz* sont les corps qui, quand ils sont au repos, produisent une sensation de pression uniforme sur toute la surface sensible et qui n'opposent au mouvement aucune résistance perceptible. Quand ils sont en mouvement, la surface sensible frappée perçoit une pression plus ou moins intense, suivant l'obliquité de la pression, sans que pour cela la résistance au mouvement soit beaucoup accrue : tel le vent.

Les *liquides* sont les corps qui, quand ils sont au repos, produisent une sensation de pression uniforme sur toute la surface sensible et qui n'opposent au mouvement qu'une résistance facilement vaincue, mais nettement perceptible. Quand ils sont en mouvement, la surface sensible frappée perçoit une pression plus ou moins intense suivant l'obliquité et la résistance au mouvement est plus grande que dans les gaz. De plus, lorsque le mouvement tend à diminuer le volume de la masse liquide, celle-ci oppose une pression invincible.

Dans les gaz et dans les liquides, le grand caractère de la pression c'est qu'elle est égale sur toute la surface sensible, ce qui tient à ce que ces corps se moulent sur elle.

La pression exercée par les corps *solides* a, au contraire, pour caractère essentiel l'inégalité d'intensité. En effet, la surface sensible, doigts, paume de la main, etc..., a une forme très irrégulière, et tout contact avec un corps solide amène la dépression de la partie convexe pressée, d'où sensation de pression tandis que les parties creuses ne sont pas touchées et n'accusent rien. Un exemple fera facilement saisir cette différence capitale : quand nous avons la main dans l'air ou quand nous la plongeons dans l'eau, toutes ses parties, même les plus creuses, subissent une pression égale. Si nous étendons la main à plat sur une table, seules les rondeurs de sa face interne subiront une pression, alors que le creux de la main et les jointures des phalanges ne percevront rien.

Par le fait que les corps solides ont une forme fixe, les pressions exercées, constantes pour chaque corps, varient d'un corps à l'autre, d'où sous-division des perceptions solides en classes distinctes. Mais, comme les surfaces qui perçoivent les pressions ont des formes très tourmentées, une surface solide ne peut être perçue avec quelque justesse que si ses différents points se succèdent au même endroit sensible, soit que celui-ci se déplace sur la surface, ce que nous faisons quand nous palpons quelque chose, soit qu'au contraire la surface solide se déplace sous le doigt. C'est ainsi qu'on obtient une nouvelle division en corps polis et corps rugueux, suivant que la pression est uniforme ou inégale.

La détermination des surfaces plates et celle des surfaces arrondies est plus complexe. Comme nous l'avons déjà dit, nos organes de contact, dont le type est la main, présentent des formes fort tourmentées qui empêchent toute identification avec une surface régulière d'une certaine étendue et, par cela même, ne nous permettent pas d'en déterminer la forme. Ce n'est qu'avec le secours des muscles que, par une expérience fort longue à acquérir, nous déterminons, en y promenant notre main, la nature d'une surface.

Conditions objectives. — Les conditions objectives de la pression exercée par les corps ne sont pas faites pour faciliter le problème, car la plupart des corps passent aisément, suivant la température, par les trois états solide, liquide et gazeux.

L'eau peut être considérée comme le type du genre, car nous constatons journellement les trois formes qu'elle affecte et que nous pouvons facilement réunir à proximité les unes des autres.

L'expérience toutefois a mis un peu d'ordre dans ce chaos, en faisant voir qu'il y a une relation constante entre la température d'un corps et son état. Les conditions de température moyenne qui dominent l'existence humaine nous ont donné alors une base d'entente et quand nous disons d'un corps qu'il est solide, liquide ou gazeux, nous sous-entendons toujours : à la température moyenne, soit environ à + 15°.

FORME

Conditions subjectives. — Par suite des conditions de la pression, les corps qui la déterminent n'entrant en contact, dans l'immense majorité des cas, qu'avec une partie de la surface sensible, nous percevons des pressions d'étendue variable. De là, comme dans la vision, conception de l'étendue et comparaison entre des étendues différentes.

Malheureusement, les résultats de cette comparaison sont très vagues. Nous comparons très mal les étendues de deux ou plusieurs pressions ; il nous est à peu près impossible de déterminer l'égalité et nous ne percevons l'inégalité que quand elle atteint des proportions suffisantes.

Ce que nous percevons parfaitement au contraire, ce sont les variations dans l'étendue d'une pression et le déplacement de celle-ci, c'est-à-dire les étendues successives et différentes qu'elle occupe sur la surface sensible. De là la grande notion de *mouvement*.

Conditions objectives. — Si nous considérons les conditions objectives de forme de la pression, nous voyons de suite que nous ne sommes en contact qu'avec une petite partie de la surface des corps que nous percevons, et que la plupart du temps, nous ne percevons pas entièrement la face avec laquelle nous sommes en contact.

CALORITION

La sensation de chaleur est une sensation qui ne peut être définie, qui se constate, simplement. Nous ne pouvons qu'en énoncer le siège :

1° *La sensation calorifique est une sensation spéciale à notre peau, tant interne qu'externe.*

L'expérience permet de constater que la sensation de chaleur est toujours produite par un corps, et nous pouvons dire :

2° *Toute sensation de chaleur est produite par un corps ;*

3º *Cette propriété qu'ont les corps de déterminer en nous des sensations calorifiques s'appelle chaleur ou température.*

Les sensations calorifiques diffèrent les unes des autres en intensité, en genre et en étendue.

INSENSITÉ

Conditions subjectives. — La perception des chaleurs est dominée par la grande considération subjective suivante : C'est que notre corps, nos organes, notre peau participent au phénomène, qu'ils sont eux-mêmes à un degré particulier de chaleur et que nous ne percevons la chaleur extérieure qu'autant qu'elle diffère de celle de la surface sensible affectée. Donc, pour percevoir la chaleur des corps qui nous entourent il ne suffit pas qu'ils agissent sur nous, il faut, de plus, que leur température diffère de celle de l'organe sensible sur lequel ils agissent.

Une étude plus approfondie du phénomène nous le rend aisément explicable. La chaleur est perçue par un appareil nerveux déterminé. Or, les extrémités sensibles de cet appareil nerveux s'épanouissent en pleine substance vivante et la sensation qu'elles transmettent naturellement au cerveau est celle de cette substance vivante au sein de laquelle elles sont plongées. C'est pour cette raison que nous savons si nous avons chaud ou froid à telle ou telle partie du corps. Dans ces conditions, nos papilles nerveuses ne nous donnent une autre sensation qu'autant qu'un corps extérieur vient modifier la température dans laquelle elles sont plongées. Si, au contraire, le corps extérieur est à la même température que notre peau, nos papilles nerveuses continuent à nous transmettre une sensation thermique uniforme, et nous ne percevons rien de nouveau, au point de vue chaleur.

Des considérations qui précèdent peuvent être déduites deux propositions importantes.

La première, c'est que notre perception thermique est continue et consiste en la connaissance thermique constante des différentes parties de notre individu ; la seconde, c'est que notre perception des températures extérieures est toujours ramenée à une comparaison entre cette température extérieure et celle du milieu interne où se trouvent les papilles affectées.

Mais les différentes parties de notre corps elles-mêmes ne sont pas à une température uniforme. L'ensemble de nos organes internes est à une température sensiblement constante. Nos organes externes, au contraire, subissent des variations souvent considérables. Il s'ensuit qu'une comparaison se fait dans notre cerveau entre les températures différentes qui lui sont transmises et que notre main ou notre pied nous sembleront chauds ou froids suivant que leur température sera supérieure ou inférieure à notre température interne.

Si nous passons maintenant à la perception du monde extérieur, nous constatons, comme nous l'avons vu plus haut, que nous n'avons pas conscience des sensations extérieures égales en température à celles du milieu percepteur; nous percevons celles qui en diffèrent et d'une façon d'autant plus précise que la différence est plus grande. Toutefois, les limites sont assez étroites, entre lesquelles notre perception donne de bons résultats. Rapidement, pour peu que la température perçue soit trop élevée ou trop basse, la sensation devient douloureuse, et spontanément nous identifions dans la douleur les deux sensations si différentes du froid et du chaud, en disant que l'extrême froid brûle comme du feu.

Si nous voulons comparer des sensations de chaleur, nous voyons de suite la presque impossibilité où nous sommes d'arriver à une certaine stabilité. Tel corps semble froid à notre front brûlant et chaud à notre main froide : c'est que sa température est intermédiaire à celles des deux surfaces sensibles.

Qui de nous n'a vu dans une même salle des individus être incommodés par la chaleur alors que leurs voisins avaient à peine chaud? à qui n'est-il pas arrivé d'avoir froid en se mettant à table et chaud en en sortant, sans que cependant la température extérieure ait varié ? Aussi, tant que nous n'avons pas eu le thermomètre, a-t-il été impossible de se mettre d'accord sur les différences de température.

Il est évident, toutefois, que les divergences n'ont jamais été bien étendues et furent généralement limitées aux températures avoisinant de très près la nôtre. Il y a toujours eu unanimité pour reconnaître que l'eau bouillante est très chaude et la glace très froide, mais il n'en était pas moins très difficile de serrer d'un peu près les différences de température, tant que nous avons été réduits à nos sensations thermiques comme bases de comparaison.

La durée des perceptions thermiques correspond à la réalité, quoique entre des limites assez larges ; l'expérience journalière nous renseigne suffisamment là-dessus et il est inutile de nous y étendre.

Conditions objectives. — Un corps quelconque est toujours à une température particulière, que nous percevons d'autant mieux qu'elle diffère davantage de la nôtre. C'est là un fait de constatation courante, de même que ceux par lesquels nous nous rendons compte que la température des corps est une chose très variable.

L'étude des conditions de milieu nous permet de voir que la sensation de chaleur est perçue nettement lorsque le corps est en contact avec notre peau. Lorsque nous la percevons au travers d'un milieu, qui est généralement l'air, nous ne percevons qu'une intensité calorifique affaiblie.

GENRES DE TEMPÉRATURES

Les sensations calorifiques se divisent en deux classes nettement tranchées, que nous désignons sous le nom de *chaleur* et de *froid*. L'observation nous permet de constater que les premières sont causées par les corps dont la température est plus élevée que la nôtre et les secondes par ceux dont la température est plus basse. Mais nous savons, d'autre part, que les différentes parties de notre individu sont à des températures variables, si bien que les corps nous donnent des sensations de froid ou de chaleur suivant que la température de l'organe qui les touche est plus élevée ou plus basse que la leur. C'est le premier cas où nous avons si nettement conscience de la subjectivité de certaines de nos sensations, puisque nos perceptions diffèrent de nature alors que leur cause externe n'a pas varié. Au fond, il n'y a de perçu que des différences d'intensité et les différences de nature que nous croyons constater sont purement subjectives et ne correspondent à aucune différence objective. L'étude de la nature de la *chaleur* et du *froid* rentre donc dans l'étude des intensités, calorifiques.

FORME

Caractères subjectifs. — Par suite des conditions anatomiques de la perception thermique, une sensation calorifique ne peut généralement s'étendre qu'à une partie de la surface cutanée. Il s'ensuit que les étendues affectées diffèrent en grandeur et que la notion d'*étendue* et de comparaison d'étendues en surgit. En un mot, la chaleur est d'une forme déterminée.

Ce qui peut faire paraître cette proposition étrange, c'est que les sensations de chaleur étant presque toujours accompagnées de sensations de tact, la forme des corps est toujours attribuée à celui-ci. Et cependant, dans une foule de cas, la température d'un corps sert autant que le tact à en déterminer la forme. Quelquefois même la température seule est en jeu. Lorsque nous promenons la main sur une surface unie, comportant des plaques ou des clous de métal enchâssés dans du bois, nous percevons les parties métalliques et leur forme simplement parce qu'elles sont plus froides que le bois qui les entoure.

Il ne faut pas oublier néanmoins que par suite de l'irrégularité des perceptions thermiques et des conditions si défectueuses de leur comparaison, la détermination de la forme des corps, avec leur aide, est bien plus confuse que par le tact.

Conditions objectives. — Quand nous sommes en contact avec les corps dont nous percevons la température et que celle-ci diffère suffisamment de la nôtre, la détermination de leur forme se réduit à celle de l'étendue des surfaces en contact, sans nous renseigner en rien, par consé-

4

quent, sur leurs autres faces et sur leur volume. Comme on le voit, cette détermination est fort défectueuse, et cependant elle est supérieure à celle que nous pouvons faire quand nous ne sommes pas en contact avec les corps dont nous percevons la chaleur. Quelle idée la chaleur perçue de la flamme d'une bougie, la chaleur de la cheminée, la chaleur de la barre de fer portée au blanc, nous donnent-elles sur ces différents objets ? Aucune ; aussi peut-on dire que la forme calorifique des corps est toujours incomplète, ou erronée.

MUSCULATION

La musculation est la perception de l'énergie ou sensation de l'effort plus ou moins grand avec lequel nous contractons nos muscles. Nous pouvons donc dire :

1° — *La sensation spéciale aux muscles s'appelle musculation.*

A la différence de toutes les autres sensations, la musculation n'est pas produite par un corps extérieur, mais bien par une action intérieure. C'est en fait le sens de la réaction de l'homme sur le milieu, alors que les autres sens, au contraire, perçoivent l'action du milieu sur l'individu.

Jusqu'au XIX° siècle les sensations musculaires ont été confondues avec les phénomènes du toucher, car si le toucher perçoit les *pressions*, la musculation perçoit les *efforts* nécessaires pour y résister. Par suite, il y a une corrélation étroite entre les deux phénomènes, et c'est à peine si de nos jours on commence à les séparer.

Pourtant les cas sont nombreux où ils agissent séparément. Lorsque nous étendons le bras horizontalement, nous avons pleinement conscience de l'effort musculaire nécessaire sans qu'il y ait aucune pression perçue. Si nous mettons la main à plat sur une table et que nous mettions dessus un poids très lourd, nous percevons une double pression : 1° à la face externe de la main, perception de la pression du corps ; 2º à la face interne de la main, pression égale de la table, réagissant contre le poids qui tend à la faire céder. Par contre, aucune sensation d'effort musculaire. Si maintenant nous soulevons la main, que constatons-nous ? 1º à la face externe de la main, aucun changement dans la perception de la pression du corps ; 2º à la face interne de la main, disparition de la sensation de pression de la table; dans les muscles du bras, perception d'un effort déterminé.

Lorsque nous sommes accroupis et que l'on charge lourdement nos épaules, nous percevons nettement une forte pression sur le dos, une autre à la plante des pieds produite par la réaction du sol, et c'est tout. Mais si nous voulons nous redresser, nous avons immédiatement conscience des efforts pénibles que nous sommes obligés de faire, sans que les deux pressions épidermiques aient changé. En fait, il n'est nulle action où nous ne trouvions alternativement associées ou isolées ces deux sensations, et c'est cet état de combinaisons multiples et incessantes qui est probablement cause de ce que leur distinction a été si tardive.

Aussi, un pas reste à faire, c'est de séparer nettement la musculation, non seulement des sens du toucher, mais de tous les autres sens. La musculation est un sens non de perception du milieu, mais de réaction contre le milieu, sens général, s'étendant à tout l'individu, partout où un muscle fonctionne, réagit, et par lequel seul nous avons conscience directement d'une moitié de la caractéristique de la vie animale : *l'action.*

La sensation spéciale aux muscles s'appelle : *effort.*

En fait, nous appelons *effort* l'état d'un muscle en activité ; un *effort* n'a donc pas de forme, des *efforts* sont tous de même nature, comme les muscles dont ils servent seulement à désigner un état spécial sous un vocable particulier.

Les *efforts* diffèrent les uns des autres en intensité et en durée d'intensité.

La perception des efforts est très défectueuse. Tous ceux qui correspondent aux mouvements journaliers de l'existence ne nous impressionnent plus : nous y sommes habitués. Il en est de même pour tous ceux de la vie organique : circulation, respiration, digestion. Nous ne percevons que ce qui n'est pas habituel.

Si nous voulons comparer deux ou plusieurs efforts simultanés, nous n'arrivons qu'à des résultats peu précis. Il y a encore moins de précision quand les efforts sont successifs : nous sentons bien qu'ils augmentent ou diminuent, mais il nous serait impossible de dire dans quelle proportion. Il en est de même pour leur durée : nous constatons bien qu'ils durent plus ou moins longtemps, mais sans pouvoir beaucoup préciser.

Par contre, notre organisme est riche en combinaisons d'*efforts*, en variations progressives dans les intensités, en rapidité de succession dans d'autres cas, et certes, à ce point de vue, l'homme est une admirable machine.

ÉLECTRITION

Les sensations électriques sont des sensations particulières, spéciales, qui ne peuvent être confondues avec aucune autre et que nous n'éprouvons que fort rarement.

Elles sont perçues par tout le système nerveux, aussi ne saurait-on leur assigner un siège fixe autre que celui-là.

Cependant, comme la peau est le grand organe de contact entre l'individu et les corps extérieurs, c'est par elle que généralement nous percevons l'électricité ; aussi peut-on concevoir l'électrition comme un sens du toucher.

Mais ce qui caractérise surtout l'électrition, c'est que la perception, au lieu d'être rapportée au point de contact comme dans tous les autres sens, a lieu sur une plus ou moins grande partie du parcours nerveux affecté. Aussi la définition de siège, qui me semble la plus exacte, est-elle la suivante :

1° *Les sensations électriques sont des sensations particulières affectant une plus ou moins grande longueur de nerfs.*

2º *L'expérience permet de constater que toute action électrique est toujours produite par un corps.*

3º *Cette propriété qu'ont les corps de déterminer en nous des sensations électriques s'appelle électricité.*

Les sensations électriques diffèrent en intensité, en genre et en étendue les unes des autres.

INTENSITÉ

Les sensations électriques sont plus ou moins intenses les unes que les autres. Les limites de perception sont assez étroites. Pour être perçue, l'électricité doit être d'une certaine intensité, et par contre, dès que l'intensité dépasse une certaine limite, elle devient rapidement dangereuse pour notre économie. Nous ne pouvons comparer les intensités que d'une façon vague, sans aucune précision.

Le milieu naturel dans lequel nous vivons est pauvre en manifestations électriques, sauf dans le cas des orages. Tous les corps qui nous entourent, bien que susceptibles d'activité électrique, ne se manifestent à nous de cette façon que par la culture tout artificielle que nous leur faisons subir dans nos applications et nos productions de l'électricité.

La sensation électrique a communément lieu par le contact entre notre épiderme et le corps électrisé.

Dans la plupart des cas, ce corps n'est pas la source d'énergie électrique et il influe d'une façon énorme sur la transmission. Certains corps, dits bons conducteurs, agissent avec autant de vigueur que la source initiale; certains autres, dits mauvais conducteurs, souvent ne nous transmettent rien de l'énergie électrique qui leur a été communiquée. C'est dire quelle influence énorme a le milieu sur les sensations électriques.

GENRES

Les sensations électriques se divisent franchement en deux classes; elles sont *fulgurantes*, ou semblables à un *fourmillement*, autant du moins qu'on peut les comparer à autre chose. Ces deux ordres d'impression correspondent-ils à une réalité extérieure? C'est ce qui n'est pas, semble-t-il, encore élucidé.

L'électricité, objectivement considérée, semble se diviser en deux classes : *positive* et *négative*, pour employer des expressions conventionnelles, qui n'ont de valeur qu'en ce qu'elles mettent deux noms particuliers sur deux classes d'effets objectifs distincts. Cette division objective correspond-elle à la division physiologique? Je ne le crois pas, et il semble que l'étude des effets sensibles de l'électricité nous réserve encore bien des surprises.

FORME

La caractéristique de l'action électrique, c'est qu'elle s'exerce sur une plus ou moins grande longueur de nerfs. Par suite, les actions perçues sont plus ou moins étendues les unes que les autres, mais avec cette remarque que cette étendue correspond non à la forme du corps électrique, mais à l'intensité de l'action qu'il exerce. Nous avons des sensations d'étendues différentes, par conséquent comparables, mais nous ne pouvons les comparer parce que nous ne savons quelle forme leur attribuer. Faute de mieux, nous l'évaluons par la longueur du parcours sensibilisé, par le volume du membre ; mais en fait, pour tous ceux qui ont subi des contacts électriques, on ne rend qu'une partie de la forme, non la forme elle-même.

Il y a là un je ne sais quoi d'innommé, vraisemblablement un volume et qu'il serait intéressant d'étudier, car si la forme perçue est un volume, ce serait le seul sens qui nous donnerait directement cette notion, tous les autres ne nous donnant que des notions de surface.

GOUT

Les sensations gustatives sont des sensations particulières, spéciales, entièrement différentes des autres sensations et qui sont la base même de toutes nos conceptions sur les saveurs. La seule définition que nous puissions en donner est la détermination de leur siège :

1° *Les sensations gustatives ou saveurs sont des sensations spéciales à la langue.*

L'expérience universelle établit qu'une sensation gustative est toujours causée par un corps, d'où nous pouvons dire :

2° *Toute sensation gustative est causée par un corps.*

3° *Cette propriété spéciale des corps par laquelle ils déterminent en nous des sensations gustatives, s'appelle goût ou saveur.*

Les sensations gustatives diffèrent les unes des autres en intensité, en genre et en étendue.

INTENSITÉ

Nous ne percevons le goût d'un corps que par le contact entre ce corps et notre langue. De ce que nous savons sur ce sens si obscurément connu et où presque tout est encore à étudier, il semble résulter qu'un certain degré d'humidité est nécessaire à l'endroit du contact.

Comme notre bouche est constamment humectée de salive, les parties humides se mêlent facilement et confondent leurs saveurs ; aussi est-il difficile de comparer des intensités simultanées.

Si les saveurs so ¹ successives nous percevons plus facilement les variations de leur intensité, sans toutefois que la comparaison puisse acquérir une précision numérique. Nous disons que telle saveur est faible ou moyenne ou très intense, sans plus.

Si nous étudions maintenant les conditions objectives de

la perception des saveurs, nous constatons de suite qu'une foule de corps sont insipides ; que pour ceux qui ont une saveur, celle-ci semble indépendante de la température, de l'état du corps et paraît douée d'une intensité déterminée.

GENRES

Les sensations gustatives sont très riches en genres différents. Ici, le terrain est vierge, car il ne semble pas qu'une classification quelconque des saveurs ait jamais été tentée, et cela parce qu'il ne paraît y avoir entre elles aucun lien commun.

Toutefois, un grand caractère les sépare en deux classes bien différentes, dont les extrêmes sont nettement tranchés, sans que la partie intermédiaire soit aussi bien délimitée. Certains goûts sont très agréables, certains autres sont franchement désagréables, avec toute une série intermédiaire comprenant les sensations indifférentes au centre. Il y a là un fait physiologique, encore inexpliqué, mais d'une constatation universelle.

Il faut de plus remarquer que les sensations agréables ou désagréables présentent des degrés purement individuels, et, partant, subjectifs. Si tout le monde est d'accord pour constater que certaines saveurs sont agréables, par contre il en est un très grand nombre d'autres qui, agréables aux uns, sont indifférentes ou même désagréables aux autres.

Pour comparer deux ou plusieurs saveurs simultanées, il faut que chacune n'occupe qu'une partie de la surface linguale et n'empiète pas sur le domaine de sa voisine. Or, c'est là une condition qui ne se réalise presque jamais. Dans la généralité des cas, les saveurs se mêlent, se combinent et deux saveurs perçues simultanément nous donnent la sensation d'une saveur d'une nature différente de celle des deux composantes.

La comparaison ne peut donc être faite fructueusement qu'en percevant les saveurs les unes après les autres, et encore en prenant toutes les précautions nécessaires pour que celle qui précède n'influe pas sur celle qui suit. Dans le cas contraire, il se produit en effet une curieuse illusion,

et chacun de nous a souvent constaté qu'une saveur connue nous semble complètement changée si nous la percevons aussitôt après telle ou telle autre.

L'étude objective des saveurs permet de constater que
chaque corps sapide a une saveur caractéristique invariable. Le mélange et la combinaison des corps à saveur
différente produisent des composés à saveur particulière où,
dans la plupart des cas, il est impossible de discerner les
saveurs élémentaires. N'est-ce point là une partie des plus
délicates de l'art culinaire, n'est-ce pas aux savantes combinaisons de la cuisine moderne que nous devons d'être
agréablement impressionnés par la saveur des mets que
l'on nous sert, sans qu'il nous soit possible de déterminer
la plupart des éléments du produit auquel nous avons
affaire ?

L'action du milieu a une grande influence sur la perception des saveurs, puisque nous ne percevons celle de certains corps solides qu'à la faveur d'une dissolution. Sel et
sucre cristallisés, posés sur une langue sèche, ne se différencient en rien l'un de l'autre ; mais que la salive intervienne, et immédiatement ils nous donnent deux saveurs
nettement différentes.

FORME

Il est évident qu'une sensation gustative pouvant inté-
resser une partie plus ou moins étendue de la surface linguale, la notion de forme en surgit, avec celle de comparaison entre des étendues variables. Mais la nécessité d'un
état aqueux fait que cette forme est difficile à déterminer.

De plus, la situation de la langue dans une cavité de
petites dimensions et à fermeture intermittente rend les
contacts peu étendus et essentiellement volontaires. En fait,
la notion de forme des saveurs existe réellement, mais
extrêmement imparfaite. Nous savons bien si telle sensation siège à l'extrémité de la langue ou en son milieu ; quant
à en déterminer la forme et l'étendue, c'est ce que nous
sommes, dans la plupart des cas, dans l'impossibilité de
faire.

ODORAT

1° *On appelle odeurs, ou sensations odorantes, des sensations spéciales au nez.*

2° *Toute odeur est produite par un corps.*

3° *Cette propriété qu'ont les corps de déterminer en nous des sensations odorantes, s'appelle odeur.*

Ce sont là de simples énoncés de faits de constatation universelle.

Les odeurs diffèrent les unes des autres en intensité et en genres. Par contre, par suite des conditions anatomiques et physiologiques de la perception olfactive, toute la surface sensible étant affectée par chaque sensation, obligatoirement véhiculée par l'air, les odeurs n'ont pas de forme.

INTENSITÉ

Nous percevons bien une odeur, avec son intensité relative, mais si plusieurs odeurs nous affectent simultanément, nous n'en percevons qu'une, d'une intensité égale à la somme des composantes, quand elles sont de même genre. Quand les odeurs sont de différents genres, l'odeur perçue est composite, évidemment le produit de la combinaison des odeurs composantes, mais suivant des règles et des principes que nous ignorons. Par suite, l'intensité des odeurs émises simultanément ne peut donner lieu à aucune comparaison puisque, pour nous, elles se confondent.

Si nous examinons la perception d'une odeur dans le temps, nous nous rendons assez bien compte des variations de son intensité et de la durée de son action. Il est certain que nous ne faisons aucune différence entre une odeur dont la source est unique et celle qui émane de sources multiples; les intensités globales seules nous affectent.

Quand les odeurs successives sont de différents genres, nous nous en rendons parfaitement compte, mais la comparaison des intensités relatives devient plus difficile.

Une étude sommaire des conditions objectives de la perception des odeurs nous permet de constater qu'un très grand nombre de corps sont inodores ; que beaucoup de ceux qui sont odorants sont influencés par la température, mais qu'en général leur intensité odorante est constante.

Si maintenant nous examinons les conditions de milieu, nous voyons qu'elles exercent une énorme influence sur la perception des odeurs et sur leur intensité. Les odeurs ne nous parviennent que par l'air qui traverse nos fosses nasales ; aussi suffit-il de l'interposition d'un obstacle solide ou liquide pour intercepter toute perception objective. Toutefois, il semble que cette règle n'est pas absolue et il serait intéressant qu'une étude sérieuse en établît les limites.

L'épaisseur du milieu aérien exerce une grande influence sur l'intensité des odeurs perçues. D'une façon générale, la distance diminue l'intensité. D'autre part, certains corps émettent des odeurs perçues de fort loin. D'autres, au contraire, ont besoin d'être flairés de près pour être sentis. L'on voit, par ces quelques observations, combien la comparaison entre des intensités différentes est difficile à faire.

GENRES

La sensation olfactive considérée dans l'espace est toujours unique, quel que soit le nombre des odeurs qui la composent ; aussi ne pouvons-nous comparer les odeurs que successivement. Nous pouvons alors constater qu'elles diffèrent de genre les unes des autres.

Un grand fait domine toute cette étude : c'est que certaines odeurs sont agréables alors que d'autres sont désagréables. Nous ne savons pour quelle raison les odeurs agissent ainsi différemment sur notre organisme : il est probable que, comme pour l'harmonie musicale, il doit y avoir des raisons anatomo-physiologiques à la base de ces sympathies et antipathies olfactives. Quoi qu'il en soit, nous n'avons encore rien de positif à cet égard et la classification des odeurs est encore à faire.

L'observation de leurs conditions objectives permet de voir qu'un corps odorant est toujours d'une même odeur et que la liaison la plus stable existe à cet égard.

Le milieu ne transmet fidèlement les odeurs que quand il n'est pas odorant lui-même, auquel cas il nous communique alors une odeur composée.

———————

L'étude que nous venons de faire de chaque sensation est certes loin d'être complète, mais elle est suffisante pour ce que nous nous proposons, à savoir : déterminer nettement chaque nature de sensation et tracer les *caractères généraux* des conditions dans lesquelles nous les percevons. Les recherches que nous venons d'opérer sur ces conditions de la perception nous ont fait voir combien elles sont nombreuses, variées, et exigeraient une étude approfondie pour être déterminées complètement. Aussi terminerons-nous cette étude par le tableau de ces recherches telles qu'elles doivent être systématiquement opérées pour être complètes.

Étude d'une sensation

Classification (les trois colonnes de droite : **État normal**, **Limites**, **Illusions**) :

- **Intensité**
  - **Caractères subjectifs**
    - **Espace**

	État normal	Limites	Illusions
Une sensation..........	1	2	3
Compa-raison — même nature..........	4	5	6
Compa-raison — nature différente..........	7	8	9
Plusieurs sensations — même nature..........	10	11	12
Plusieurs sensations — nature différente..........	13	14	15

    - **Temps**

	État normal	Limites	Illusions
Une sensation — Intensité..........	16	17	18
Une sensation — Durée..........	19	20	21
Plusieurs sensations — même nature — Intensité..........	22	23	24
Plusieurs sensations — même nature — Durée..........	25	26	27
Plusieurs sensations — nature différente — Intensité..........	28	29	30
Plusieurs sensations — nature différente — Durée..........	31	32	33
Compa-raison — même nature — Intensité..........	34	35	36
Compa-raison — même nature — Durée..........	37	38	39
Compa-raison — nature différente — Intensité..........	40	41	42
Compa-raison — nature différente — Durée..........	43	44	45

  - **Caractères objectifs** { (mêmes divisions que les caractères subjectifs)
  - **Conditions de milieu** { (mêmes divisions que les caractères subjectifs)
- **Genre** { (mêmes divisions que l'intensité)
- **Forme** { (mêmes divisions que l'intensité)

ÉTUDE D'ENSEMBLE
DES SENSATIONS

Maintenant que nous avons étudié les sensations séparément les unes des autres, réunissons-les dans le tableau ci-contre et comparons-les ; cet examen d'ensemble ne pourra être que fructueux.

Siège. — L'examen de la première colonne nous permet de voir que seule la peau est le siège de trois sensations élémentaires, chaque autre organe ne servant qu'à une espèce de sensation. Je dis intentionnellement la peau et non l'épiderme, car il ne faut pas oublier que l'enveloppe interne du corps humain est aussi bien le siège de sensations que l'enveloppe externe, et que si celle-ci est pourvue d'un épais épiderme, par contre, la muqueuse interne en est presque entièrement dépourvue.

Nature. — Dans la deuxième colonne se trouvent réunies les différentes natures de sensations avec le nom particulier qui est affecté à chacune d'elles. Nous voyons que le mot « tact » en est exclu, car, comme nous le verrons plus tard, le tact est une construction cérébrale puisant ses éléments dans les pressions, les températures et les efforts. Il ne saurait donc trouver place ici. Par contre, différentes dénominations nouvelles ont été introduites. C'est ainsi que nous avons inscrit la *pression, la température, l'électricité* et *l'effort.*

Le mot *pression* est, semble-t-il, employé ici pour la première fois, en désignation d'un sens distinct, ce qui n'a rien que de naturel, puisque c'est la première fois, à ma connaissance du moins, que les phénomènes qu'il sert à désigner, ont été complètement isolés de ceux avec lesquels ils avaient été confondus jusqu'à ce jour.

Le mot *température* est encore, je crois, fort peu usité dans le sens que je lui donne ici. Cependant il semble mieux convenir que le mot « calorition » employé jusqu'à ce jour, car les phénomènes du froid doivent être aussi bien désignés que ceux de la chaleur, et quelque subjectives que soient ces déno-

SENSATIONS

NOTIONS ÉLÉMENTAIRES SIMPLES		CARACTÈRES DE DIFFÉRENCES					
SIÈGE	NATURE	1°	2°	3°	4°	5°	6°
Œil.	Lumières ou Sensations lumineuses	Intensité	Genre	Etendue	Durée	Mouvement	Nombre
Oreille.	Sons ou Sensations sonores	Intensité	Genre		Durée	Mouvement	Nombre
Peau.	Pressions ou Sensations ?	Intensité	Genre	Etendue	Durée	Mouvement	Nombre
Peau.	Températ° ou Sensations ?	Intensité	Genre	Etendue	Durée	Mouvement	Nombre
Peau.	Electricité ou Sensations électriques	Intensité	Genre	Etendue	Durée	Mouvement	Nombre
Langue.	Saveurs ou Sensations sapides	Intensité	Genre	Etendue	Durée	Mouvement	Nombre
Nez.	Odeurs ou Sensations odorantes	Intensité	Genre	Etendue	Durée	Mouvement	Nombre
Muscles.	Efforts ou Sensations ?	Intensité			Durée	Mouvement	Nombre

minations, elles n'en sont pas moins employées dans le langage courant avec un sens si précis et si déterminé que je trouve plus naturel d'adopter le mot « température », qui existe déjà dans notre langue avec le sens que nous lui donnons ici, c'est-à-dire englobant les deux idées de chaud et de froid.

Les phénomènes électriques étant étudiés depuis deux siècles seulement, on a essayé de les ramener aux autres sensations et à l'état mental correspondant. C'est ainsi qu'au lieu de les ériger en sensations particulières, dotées d'un nom spécial, on a voulu les assimiler à d'autres faits connus et dénommés ; on dit couramment que l'on perçoit l'état électrique d'un corps, une secousse électrique, que l'on se fait électriser, sans se rendre compte qu'ici le mécanisme de ces actes est semblable à celui des autres impressions sensorielles : en fait, de même que nous percevons des lumières et des sons, nous percevons des *électricités*, c'est-à-dire des sensations particulières, et ce n'est que par un travail mental ultérieur que nous nous rendons compte que cette sensation particulière, *d'électricité*, est causée par un corps électrique, de même que la lumière est causée par un corps lumineux.

Enfin, le mot *effort*, spontanément fourni par la langue pour désigner toute activité musculaire, était naturellement désigné pour dénommer la sensation par laquelle nous percevons cette activité.

Nom. — Dans la troisième colonne, se trouvent les adjectifs qui servent à qualifier les sensations. Il a fallu tout un travail mental pour que l'homme se rendît compte que tout ce qu'il prenait pour des réalités objectives était surtout composé de perceptions subjectives, et pour passer du nom objectif *lumière*, par exemple, à la dénomination subjective *sensation lumineuse*. C'est ce qui explique pourquoi les dénominations subjectives ne sont que des dérivés des noms objectifs et pourquoi les termes pressions et efforts, nouvellement pris dans le sens que nous leur donnons, n'ont pas encore leurs dérivés qualificatifs. Quant aux températures, elles réunissent deux genres de perceptions qui, elles, ont leurs dérivés ; les *chaleurs* ou sensations calorifiques, les *froids* ou sensations frigorifiques ; mais le mot *températures,* qui comprend les deux, n'a pas encore de dérivé subjectif.

Intensité. — Les colonnes qui suivent comprennent les caractères particuliers qui nous permettent de différencier les sensations les unes des autres.

Le premier caractère de différence entre les sensations est leur *intensité.* C'est un caractère qui est commun à toutes les sensations. Pour exprimer ses diverses modalités, des mots ont été créés qui prennent ainsi, comme nous le voyons, leurs origines dans la pure sensation.

Nous voyons qu'une lumière est, suivant son intensité : éblouissante, brillante, terne, mate, sombre, obscure ; si elle passe par des alternatives rapides, nous disons qu'elle scintille.

Un bruit est appelé, suivant son intensité : assourdissant, formidable, violent, sourd, chevrotant, crépitant, saccadé, strident, un murmure, un trémolo ou un grincement.

La pression nous donne les notions de lourd, léger, pesant, de surface unie, polie, rugueuse, rude, striée, bosselée, grenue, de liquide gras, pâteux, visqueux.

La température est, suivant son intensité, tempérée, brûlante, étouffante, torride du, au contraire, glacée.

L'électricité, connue seulement sous forme de « foudre » jusqu'à nos jours, est « foudroyante » quand son intensité est extrême.

Les saveurs, où tout est encore si peu étudié, sont dites seulement fortes ou faibles.

Les odeurs sont dites fortes, faibles ou suffocantes.

Un effort est puissant, vigoureux, faible, désordonné, fort, violent, pénible, considérable.

Un examen de tous ces termes permet de voir que la plupart ont été étendus à des sensations autres que la sensation qu'ils ont d'abord exclusivement caractérisée. L'exemple le plus typique est fourni par les expressions « faible » et « fort », originaires de la réaction musculaire et étendues aux intensités de toutes *les autres sensations.*

Genre. — Le second caractère de différence entre les sensations est ce que nous appelons le *genre.* C'est là un caractère qui n'existe ni pour la pression ni pour l'effort.

Dans les autres sensations, il n'y a que la lumière qui

5

soit dotée d'un nom spécial désignant cette propriété : c'est
le mot *couleur*. Du reste, au point de vue de la langue, la
lumière seule présente dans ce cas-ci une constitution
rationnelle que l'examen du tableau suivant permet de
constater :

Genres différents ou \ *Simples* : jaune, bleu, rouge.
    Couleurs :   { *Composés* : vert, violet, blanc, gris, rose, etc.

Le son n'a pas de mot général désignant l'ensemble des
genres. Les genres élémentaires sont appelés des *hauteurs* :
do, ré, mi, fa, sol, la, si, dièzes et bémols ; les genres
composés sont classés en séries distinctes suivant leur
ordre de complication : ce sont d'abord les *timbres*, chacun
désigné par l'instrument qui le produit : le timbre du
piano, du trombone, de la flûte, de la voix, les cris des
animaux, les inflexions du langage, etc... ; puis les *con-
sonnances*, pour lesquelles ont été créés les mots harmonie,
mélodie, accords, etc... ; ensuite les *dissonnances*, et enfin les
bruits, désignés sous des noms trahissant leur origine :
bruit de cascade, de galop, etc...

Les températures se différencient nettement en deux
genres très tranchés : la *chaleur* et le *froid*.

Les électricités, étudiées alors que la langue était déjà
fort riche, n'ont vu leurs deux genres désignés que par
deux mots exprimant les sensations se rapprochant le plus
des genres d'électricités à désigner, c'est-à-dire encore
fort loin de la réalité : ce sont les *fulgurations* et les *fourmillements*.

Les saveurs que nous avons vues si pauvres d'expressions pour désigner les modalités de l'intensité, sont par
contre fort riches pour désigner les genres qui les différencient les unes des autres. Les genres élémentaires sont
rangés en classes différentes, que nous nommons saveurs
douces, âcres, acides, salées, sucrées, astringentes, amères,
fades, métalliques, etc...

Enfin, les odeurs présentent la même particularité que
les saveurs. Les genres élémentaires (odeur de rose, de
violette, de jasmin, de fauve, de verdure, etc.) sont rangés en classes générales : les aromates, les parfums, les
odeurs suaves, infectes, empyreumatiques, etc...

Etendue. — Le troisième caractère de différence entre les sensations est l'*étendue*. Ce caractère n'est pas commun à toutes : les sons, les odeurs et les efforts n'ont pas d'étendue, pas de forme. C'est dire que si nos autres sens étaient comme ceux-là, les notions d'espace, d'étendue, de forme, n'existeraient pas pour nous. Nous serions privés de ces puissants instruments d'exploration du monde extérieur qui s'appellent la forme et le mouvement.

Les notions d'étendue, de distance, de forme, d'espace, résultent de ce que les lumières, pressions, températures, électricités et saveurs diffèrent entre elles d'une façon particulière que l'on nomme étendue.

Les étendues lumineuses sont classées sous les vocables suivants : les formes, qui comprennent les surfaces, les lignes, les points ; les surfaces, qui comprennent les angles, qui sont triangulaires, arrondies, circulaires, anguleuses, carrées, etc...; les lignes, qui sont droites, brisées, courbes, ovales, etc... Ce sont là toutes notions expérimentales et si, entre quelques-unes, on a pu trouver des relations permettant de les redéterminer rationnellement, il n'en est pas moins capital de constater que les notions fondamentales de surface, de ligne, de point, de droite, de courbe, d'angle, de distance, sont purement expérimentales.

Les étendues de la pression nous donnent les notions de surface, de ligne, de point, d'angle ; en somme les mêmes que les étendues lumineuses, quoique plus obscurément. Par contre, elles sont bien plus exactes, car si la longueur visuelle d'une ligne varie suivant la position qu'elle occupe par rapport à nous, l'étendue de la pression qu'elle détermine est toujours la même.

Les étendues de températures et de saveurs sont encore plus imparfaitement perçues que les précédentes et nous fournissent les mêmes notions.

Enfin, les étendues des sensations électriques, purement subjectives, semblent seules jusqu'à ce jour nous donner, dans le fourmillement, la notion de volume.

Durée. — Le quatrième caractère de différence entre les sensations porte le nom de *durée*. Les sensations diffèrent en durée les unes des autres. De même que l'intensité, c'est un phénomène commun à toutes les sensations. C'est la base de la grande notion de *Temps*.

Ce nouveau caractère différenciel ne semble pas avoir introduit dans la langue d'autres expressions originales que celles de durée et de temps.

Mouvement. — Le cinquième caractère de différence entre les sensations porte le nom de *mouvement*. Le *mouvement* est l'impression produite par une sensation limitée, quand elle occupe successivement des étendues contiguës de la surface sensible. Le mouvement est une combinaison des notions d'espace et de temps avec un caractère particulier.

Il ne saurait donc exister là où l'une de ces deux notions ne se percevrait pas. C'est ce qui a lieu pour les sons, les odeurs et les efforts. Nous ne concevons pas de mouvements dans ces trois sensations. Seules les lumières, les pressions, les températures, les électricités et les saveurs nous donnent des sensations de mouvement. Encore, parmi ces cinq sens, les électricités et les saveurs ne nous donnent que des notions de mouvements fort obscurs, et celles fournies par les températures sont confuses dans la plupart des cas. Il n'y a donc que les pressions et les lumières qui nous donnent une notion nette du mouvement.

Par contre, dans ces deux ordres de sensations, les mouvements sont perçus avec beaucoup de netteté, mais avec tous les caractères de subjectivité et d'illusion qui affectent la perception des lumières, des pressions, des intensités, des couleurs, des étendues et des durées dont ils dépendent. Le mouvement a donné naissance aux expressions de lent, rapide, saccadé, etc...

Nombre. — Enfin, le sixième caractère de différence entre les sensations est le *nombre*. Il ne peut s'appliquer qu'aux groupes de sensations, puisqu'il en faut au moins deux pour que ce caractère se manifeste. Les groupes de sensations diffèrent donc les uns des autres par leur *nombre*.

Nombrer, dénombrer, compter avec tous les nombres élémentaires un, deux, trois, etc..., sont les expressions originales fournies par le nombre.

Toutes les sensations nous fournissent la notion du nombre, si importante dans toutes les spéculations de notre existence et qui, comme nous le voyons, a ses racines dans la pure sensation; car si toute notre existence se passait à percevoir une sensation uniforme, le nombre n'existerait pas pour nous.

—————

Résumons-nous : Des six classes de différences que nous présentent les sensations, trois sont générales, trois sont particulières.

L'*intensité*, la *durée* et le *nombre* sont communs à toutes les sensations.

Le *genre* nous est fourni seulement par six sensations : la lumière, le son, la température, l'électricité, la saveur, l'odeur.

La *forme* et le *mouvement* nous sont fournis seulement par cinq sensations : la lumière, la pression, la température, l'électricité, la saveur.

Inversement, nous pouvons dire :

La lumière, la température, l'électricité, la saveur offrent les six caractères de différence.

Le son et l'odeur n'ont ni forme, ni mouvement.

La pression n'a qu'un seul genre.

L'effort n'a qu'un genre et n'a ni forme ni mouvement.

—————

TRAVAIL CÉRÉBRAL

L'ATTENTION

Nous venons de passer rapidement en revue les éléments de toute mentalité, en les considérant uniquement au point de vue des notions qu'ils nous fournissent. Voyons maintenant quel parti le cerveau tire de ces éléments.

Le premier grand caractère de l'activité cérébrale est appelé : *l'attention*. C'est un phénomène qui consiste en ce que les sensations fournies par le monde extérieur sont perçues avec plus ou moins d'intensité.

Nous avons vu que l'intensité était une propriété commune à toutes les sensations, et qu'elle dépendait : 1° De l'intensité de l'action exercée par le corps qui détermine la sensation ; 2° Des conditions subjectives dans lesquelles nous nous trouvons au moment de la perception ; 3° Des modifications dues à l'action du milieu interposé. De ces trois conditions, la 2ᵉ seule entre en jeu dans le phénomène de l'attention, celle qui concerne la subjectivité individuelle : l'attention est un des phénomènes subjectifs qui modifient l'intensité des sensations perçues.

Nous savons tous que, des multiples sensations qui nous assaillent constamment, seules sont perçues celles auxquelles nous nous attachons de façon particulière. Quand nous écoutons une conversation, seul le bruit de cette conversation est nettement perçu. Quand nous lisons, nous sommes indifférents aux autres excitations extérieures. Quelle que soit la sensation qui nous absorbe, si notre attention y est vivement portée, on dit couramment qu'on ne peut nous en arracher.

Il est certain néanmoins que cette notion, comme toute notion humaine, est relative, et qu'une sensation très violente s'impose d'elle-même ; quelle que soit l'attention que nous portons à une chose, le tonnerre, une forte brûlure, un éclair aveuglant, nous en tirent immédiatement. C'est même là la base de l'attention spontanée, car lorsque notre cerveau est passif, qu'il ne s'intéresse à rien, c'est l'intensité même des sensations perçues qui règle le fonctionnement de l'attention, la sensation la plus intense l'attirant inévitablement.

Ce n'est que lorsque le cerveau passe à l'état actif, qu'immédiatement l'intensité de la sensation sur laquelle nous portons notre attention semble s'accroître, alors que celle des autres sensations simultanément perçues semble s'affaiblir. Il y a, par le fait de l'activité cérébrale, modification dans la perception : renforcement de la sensation observée, affaiblissement des autres. Il s'agit donc bien là d'une première manifestation du travail mental, d'un phénomène modifiant l'intensité des sensations perçues ; c'est l'*attention*.

LA MÉMOIRE

Le second grand caractère de l'activité cérébrale est celui par lequel, dans des conditions déterminées, une sensation antérieurement perçue est ressentie à nouveau, malgré l'absence de la cause qui l'avait occasionnée la première fois. Cette reviviscence d'une sensation antérieure porte le nom de *souvenir*. Elle est caractérisée objectivement par l'absence de la cause initiale, et subjectivement par une intensité inférieure à celle de la sensation originale.

L'ensemble des souvenirs constitue ce que l'on appelle la *mémoire*.

Pour qu'il y ait souvenir, il faut que le cerveau ait conservé la sensation primitive de façon à la reproduire chaque fois que nous le désirons. C'est en effet ce qui a lieu et l'observation permet de constater que, *spontanément*, le cer-

veau conserve le souvenir de toutes les sensations qu'il perçoit. Il se produit là un travail dont nous n'avons pas conscience, mais qui n'en existe pas moins. Nous savons tous, et
nous constatons à chaque instant, que sous un effort de mémoire nous évoquons le souvenir des choses qui avaient
quelquefois fort peu attiré notre attention. Ce fait est même
si réel que tout le monde a pu constater les phénomènes
suivants : Quand nous sommes fort attentionnés à quelque
chose, notre préoccupation est souvent telle que des sensations coexistantes semblent inaperçues. Elles s'enregistrent
cependant dans notre mémoire, et dès que notre contention
cérébrale cesse, le souvenir de ce que l'on nous a dit un
instant avant nous revient, alors que sur le moment nous
n'avions rien perçu ; si, l'esprit préoccupé, je chemine sur
une route, je ne perçois rien du paysage qui m'entoure,
mais que mon cerveau se repose et aussitôt le tableau de ce
que je n'avais pas regardé, mais qui avait néanmoins impressionné ma rétine, se présente à mon esprit.

Il y a, bien entendu, des limites à cet enregistrement
inconscient ; si nous sommes par trop violemment absorbés
il ne se fait plus, et tout ce qui a frappé nos voisins pendant
ce temps demeure inconnu pour nous.

L'enregistrement des souvenirs dans la mémoire dépend
de conditions multiples dont nous allons examiner les principales.

L'intensité d'un souvenir et la durée du temps pendant
lequel nous le conservons dépendent :

1° *De l'intensité de la sensation.* — Plus une sensation
est intense, plus elle nous impressionne, plus le souvenir
que nous en conservons est vif et prolongé.

Les faits de l'existence journalière nous permettent de
constater à chaque instant la justesse de cette loi. Les
mille impressions incohérentes que nous percevons constamment s'effacent presque instantanément. Seul surnage
le souvenir des faits et des choses qui nous ont impressionnés d'une façon suffisamment intense.

2° *De l'attention avec laquelle nous avons perçu.* — Nous
constatons tous que l'une des principales conditions pour
conserver le souvenir de quelque chose, c'est d'abord d'y
faire attention. C'est là une chose connue de tout le monde.

C'est pour cette raison que nous conservons toujours le souvenir de faits de notre prime jeunesse, qui sont bien souvent d'une extrême banalité et qui n'ont dû de surnager ainsi que grâce à l'attention avec laquelle nous les avions perçus parce qu'ils nous avaient profondément intéressés.

3° *Du nombre des sensations semblables perçues.* — Le cerveau, dans son enregistrement des sensations, suit une méthode particulière. Il ne les inscrit pas les unes à côté des autres, mais les *superpose.* Si nous avons perçu plusieurs sensations exactement semblables, elles se confondent dans la mémoire, et l'intensité du souvenir, ainsi que la durée de sa conservation, sont accrus par chaque souvenir ajouté.

L'observation confirme ce fait. Quand nous pensons à un objet donnant une sensation invariable, nous avons le souvenir très vif d'un objet semblable. L'étoile polaire, le visage d'un ami, notre propre main, etc..., nous donnent le souvenir d'une étoile, d'un visage, d'une main, qui semblent se peindre devant nos yeux, et non le souvenir de la multitudes d'étoiles, de visages et de mains que leur vue fréquente a inscrits dans notre mémoire.

4° *Du nombre des évocations du souvenir considéré.* — Le rappel fréquent d'un souvenir produit le même effet qu'une sensation répétée. Si j'évoque souvent un souvenir déterminé, celui-ci augmente progressivement d'intensité et se grave de plus en plus profondément dans ma mémoire.

On trouve l'exagération morbide de ce phénomène dans le cas des idées fixes. Dans l'immense majorité des cas, l'hallucination ne connaît pas d'autre cause que la culture maladive d'une idée fixe qui finit par devenir si intense qu'elle semble objective. N'est-ce pas là le point de départ de la manie de la persécution, où le malade voit constamment son ennemi acharné contre lui, résultat qu'il n'a obtenu, dans la plupart des cas, qu'en évoquant constamment l'image de cet ennemi. Nous pouvons donc dire que l'intensité et la durée d'un souvenir s'accroissent par la répétition, soit de la sensation objective, soit de l'évocation subjective.

LA DIFFÉRENCIATION

La superposition des sensations et des souvenirs se fait non seulement quand ils sont exactement semblables, mais aussi quand certaines de leurs parties diffèrent. Il se produit alors le phénomène suivant : les parties semblables s'ajoutent et donnent un souvenir vigoureux, les parties dissemblables se neutralisent. Quand on évoque une des images composantes, la partie commune à toutes surgit avec beaucoup de netteté, alors que la partie qui lui est particulière ne se présente qu'avec une intensité très affaiblie, à moins qu'elle ne nous ait vivement frappés.

La grande importance de ce phénomène exige qu'il soit mis pleinement en lumière, aussi étudierons-nous séparément les deux cas bien tranchés dans lesquels il se manifeste. Une sensation présente, en effet, un certain nombre de caractères différenciels (intensité, genre, durée, etc...) ; par le travail cérébral, chacun de ces caractères est séparé des autres et, de plus, voit ses parties composantes subir la même dissociation. C'est ainsi que, dans une sensation visuelle, notre cerveau sépare la forme, par exemple, des autres caractères (intensité, durée, etc...), et que, de plus, dans cette forme, il isole les parties semblables à d'autres formes antérieurement perçues de celles qui n'appartiennent qu'à elle. Nous examinerons d'abord ce dernier cas, qui est le plus simple, et nous passerons ensuite à l'étude du premier.

1° *Séparation des parties différentes d'un même caractère.* — Sauf dans le cas où une intensité lumineuse nous a vivement frappés, comme lorsque nous nous rappelons telle scène perçue en plein soleil, nous ne conservons le souvenir que d'une intensité moyenne, correspondant à un éclairage solaire moyen, parce que c'est celui que nous percevons dans l'immense majorité des cas. Quand j'évoque le souvenir d'un ami, je vois celui-ci nettement, mais modérément éclairé. Cependant je l'ai vu souvent, soit en plein soleil, soit à la lumière artificielle, soit par des temps sombres, mais ces cas sont infiniment moins nombreux que ceux où je l'ai vu à la clarté ordinaire du jour, et lorsque je ne me remémore pas une scène spéciale, c'est cet éclairage habituel qui se présente spontanément à mon souvenir.

La couleur d'un corps quelconque varie constamment suivant l'éclairage qu'il subit, les réflections, les reflets, les inclinaisons. Cependant il est une couleur qui seule se reproduit souvent, alors que les autres varient constamment : c'est celle propre au corps, et quand nous évoquons le souvenir de celui-ci nous ne le voyons qu'avec sa couleur propre, sans que les mille reflets changeants que nous avons vus si souvent s'y reproduire aient laissé la moindre trace dans notre mémoire. La brique est rouge, les feuilles vertes, l'or jaune et l'argent blanc, c'est-à-dire qu'ils sont du ton qui seul est presque constamment reproduit, alors que les autres varient à l'infini.

Un cheval, dix chevaux, cent chevaux laissent des impressions de forme, qui, superposées, ne nous donnent, à l'appel de la volonté, que le souvenir d'une forme générale, ne correspondant particulièrement à aucun et s'appliquant à tous, où les différences de grosseur, de proportion, ont disparu dans l'ensemble (tête, corps, jambes et queue), qui seul persiste. Quand on présente à un enfant l'image, même grossière, d'un cheval, il la reconnaît et s'écrie : Dada!

Nous déterminons même spontanément une constante visuelle que nous ne pouvons définir rationnellement : c'est l'allure. Nous reconnaissons de loin des parents ou des amis à leur allure. Pourtant qu'y a-t-il de plus changeant que la façon de marcher, de se tenir ? Et cependant, dans cette infinie variété de mouvements, notre cerveau distingue des caractères constants.

2° *Séparation des caractères différents.* — Si, maintenant, nous considérons une sensation visuelle dans son ensemble, nous voyons le même phénomène se produire.

Nous avons une idée très nette de la couleur jaune du gaz sans que nous puissions donner à cette lumière une intensité ou une forme particulière dans le souvenir. C'est que si toutes les flammes de gaz qui nous ont frappés sont jaunes, elles sont d'intensités très diverses, et de formes très variables.

Nous avons un souvenir très net de la forme du type

« chat », mais nul quant à sa couleur : dès que nous pensons
à celle-ci, immédiatement des chats jaunes, blancs, gris,
noirs, etc..., surgissent dans notre souvenir, alors que
l'évocation de la forme seule n'avait évoqué qu'un type.
C'est que la forme est constante et la couleur variable.

Si de la sensation visuelle nous passons aux autres sensations, nous constatons le même phénomène. Les voix
humaines diffèrent les unes des autres ; il en est de même
des aboiements et des miaulements. Cependant notre cerveau a su nettement séparer dans chacun de ces trois cas
des caractères communs, car nous ne confondons jamais
des voix avec des aboiements ou avec des miaulements,
et le souvenir est si net que nous pouvons *imiter* soit un
aboiement soit un miaulement, en émettant des sons qui
très probablement ne correspondent exactement à aucun
aboiement ni à aucun miaulement entendu ; seulement ils
en ont la partie constante.

Les saveurs et les odeurs ne peuvent être classées que
grâce à cette propriété cérébrale, au groupement spontané
que fait notre cerveau. Les saveurs fades, acides, amères,
les odeurs âcres, douces, etc..., ne sont que des dénominations données à des groupes dont les sensations sont
souvent fort différentes les unes des autres, mais possèdent
un caractère commun. Il serait donc bien difficile de
méconnaître ce travail mental, puisque, étant donnée
l'absence complète de toute classification rationnelle, nous
ne pouvons mettre un certain ordre dans notre mémoire
des saveurs et des odeurs que grâce à lui.

En résumé, nous pouvons dire que, spontanément et
constamment, notre cerveau opère la séparation entre ce
qui est constant et ce qui varie : que *la recherche de la
constance dans la variation* est l'un des modes de son activité.
C'est là qu'il nous faut prendre la base mentale de l'abstraction, en tant que s'appliquant à la recherche des propriétés générales. Le savant ne fait qu'appliquer conscien-
ment un procédé d'investigation dont tout cerveau use
spontanément. C'est ce qui explique que, si le soir nous
abandonnons un problème comme au-dessus de nos forces,
il arrive quelquefois que le lendemain, au réveil, la solution
se présente spontanément à notre esprit.

LA COORDINATION

Le quatrième grand caractère de l'activité cérébrale consiste en ce que *le cerveau lie spontanément toutes les sensations, soit simultanées, soit successives.* Il les coordonne selon les conditions mêmes d'arrangement et de succession dans lesquelles elles ont été perçues.

1° *Coordination des sensations simultanées.* — Le cerveau lie spontanément ensemble toutes les sensations perçues simultanément. C'est là un fait que l'observation vérifie constamment.

a. — Quand nous regardons quelque chose, un paysage par exemple, nous éprouvons simultanément une foule de sensations visuelles différentes : sensation de bleu pour le ciel, de vert pour les feuilles, de gris, de blanc, de rouge, pour les maisons, etc... Cependant, toutes les fois que nous évoquons l'image de ce paysage, elle se présente avec ses multiples couleurs à notre souvenir. Bien plus, quand dans une scène quelque chose nous a vivement frappés, toutes les fois que nous évoquons la scène principale, les sensations secondaires de même ordre reparaissent. Si je me rappelle le bleu intense de certain lac suisse, immédiatement une couronne de montagnes se dresse à mes yeux ; si j'évoque un visage qui m'a vivement frappé, les circonstances qui l'entouraient lorsque je l'ai vu se représentent à mon esprit. Pourtant le bleu du lac et le visage seuls avaient attiré mon attention, mais les caractères secondaires n'avaient pas moins impressionné ma rétine, été enregistrés dans la mémoire et liés au caractère principal ; aussi, bien qu'évoquant celui-ci seul, toute la scène surgit-elle du souvenir.

b. — Le cerveau lie ensemble, non seulement les sensations de même nature, mais encore les sensations de nature différente, quand elles sont simultanées.

Quand je me remémore une mélodie qui m'a frappé lorsque je l'entendis dans un concert, l'image de la salle surgit dans mon esprit. Quand je me rappelle certaines paroles qui m'ont été dites, il me semble que je vois en même temps l'image de la personne qui les prononça et son attitude. Ces exemples peuvent être répétés à l'infini. Il suffit de vouloir se rappeler une partie d'une scène qui nous a vivement frappés pour que le reste du cadre, le bruit, etc..., se réveillent en nous.

c. — Il est, du reste, certain que, dans ces liaisons spontanées, le cerveau suit les mêmes principes que dans l'enregistrement des sensations, et que la force des liaisons dépend de l'intensité des souvenirs liés. Quand je me rappelle telle scène d'opéra, je vois la scène, les acteurs, j'entends l'orchestre, les artistes ; tout, jusqu'aux détails de voisinage, se remémore en moi, mais avec des intensités bien différentes. Il me semble entendre à nouveau la mélodie, alors que je n'ai qu'un bruit confus comme souvenir d'orchestre ; telle attitude d'un acteur m'a frappé alors que je n'ai qu'un vague souvenir de celle des autres, mais je n'en constate pas moins que bruits, sons, mélodies, lumières, mouvements et quelquefois odeurs, tout s'est représenté à mon appel.

d. — Cette liaison s'effectue aussi entre des souvenirs, et entre des souvenirs et des sensations. J'ai le souvenir précis qu'en pensant à telle chose, hier, j'étais en tel endroit ; qu'en faisant tel acte je pensais à telle chose, et ainsi de suite.

e. — Le mode d'enregistrement des liaisons est le même que celui des sensations ; le cerveau semble les superposer, et les plus répétées, se renforçant à chaque perception nouvelle, surgissent vigoureuses au-dessus de la masse des autres. L'enfant voit un chien et entend un aboiement : son cerveau lie le son de l'aboiement à l'image perçue simultanément et dont la silhouette du chien n'est qu'une partie. La seconde fois que l'enfant entend un aboiement en voyant un chien, les mêmes liaisons se reproduisent, mais tout le cadre a changé sauf le chien, et, dans les deux souvenirs superposés, seules les liaisons aboiement — chien se superposent, toutes les autres parties tendant déjà à se brouiller. Qu'est-ce donc quand dix fois, vingt fois, le même phénomène se reproduit ? Des vingt tableaux mentaux où les impressions différentes superposées n'ont laissé aucun souvenir précis, en se détruisant les unes les autres, se dégagent deux choses : le type abstrait chien, le type abstrait aboiement, liés fortement ensemble. Quand l'enfant entend un aboiement, l'image de l'animal surgit devant lui : Toutou, dit-il. S'il voit un chien, il imite aussitôt son cri : Oua oua, dit-il. L'une des deux sensations fait immédiatement surgir le souvenir semblable enregistré dans la mémoire et celui auquel il est lié.

2° *Coordination des sensations successives.* — Le cerveau lie spontanément les sensations perçues successivement. C'est un fait d'observation courante. Quand nous nous rappelons les différentes péripéties d'une scène à laquelle nous avons assisté, nous évoquons le souvenir des sensations liées suivant l'ordre de leur succession. Une mélodie entendue antérieurement se présente à notre esprit : qu'est-ce, sinon une succession de sensations sonores liées dans l'ordre où nous les avons perçues ? Quand, le soir, je repasse dans ma mémoire les différents évènements auxquels j'ai été mêlé dans la journée, ils se présentent fidèlement dans l'ordre où je les ai perçus ; cependant, dans la plupart des cas, la volonté d'enregistrer a été absente, mon être a inconsciemment inscrit les faits qui se sont passés sous ses yeux et au premier appel les reproduit fidèlement dans l'ordre où ils se sont succédé. Pas d'erreur de temps ; nous savons toujours nettement que tel fait s'est passé avant celui-ci et après celui-là : il y a donc eu liaison spontanée dans la mémoire.

Comme pour les sensations simultanées, cette liaison s'effectue entre tous les éléments cérébraux, aussi bien entre des sensations successives de même nature que de nature différente, entre des souvenirs qu'entre des sensations et des souvenirs. Un mouvement n'est qu'une liaison entre des sensations visuelles successives ; une mélodie, une liaison entre des sensations sonores successives ; le souvenir de ce qui s'est passé dans la journée n'est que l'évocation des sensations multiples et différentes qui nous ont frappés, coordonnées suivant leur ordre de succession ; une déduction, une liaison que nous rappelons fort bien avoir faite tel ou tel jour ; enfin un jugement, généralement une liaison entre des sensations

actuelles et des souvenirs antérieurs, liés ensemble dans
un certain ordre de succession et que nous évoquons
ensuite toutes les fois qu'il est nécessaire de nous le rappeler : je me souviens parfaitement que dans telle circonstance j'ai porté un jugement sévère sur telle personne,
qu'à la suite de telle autre circonstance je suis revenu à
une appréciation plus favorable à son égard, et ainsi de
suite.

—————

Si nous étudions les résultats de cette action cérébrale
spontanée, nous constatons qu'ils constituent eux aussi une
recherche de la constance dans la variation. Les mille
liaisons cérébrales que créent à chaque instant les multiples
sensations dont nous sommes assaillis disparaissent aussitôt
formées si rien ne les désigne spécialement à notre
attention. Elles se produisent une fois, sont remplacées
immédiatement par d'autres aussi éphémères, et ainsi de
suite. Au contraire, si elles se reproduisent fréquemment,
leur fréquence les rend stables et elles se fixent dans notre
mémoire, même à notre insu.

Ce fait est surtout remarquable dans le cas des réactions
musculaires, où nous le dénommons: *habitude*. Nous savons
que les contractions musculaires déterminent en nous la
sensation de leur existence : c'est ce que nous appelons
l'effort. En tant que sensations, les efforts jouissent des
mêmes qualités que les autres sensations, c'est-à-dire sont
spontanément soumis au travail cérébral, enregistrement
et coordination. Or, leur succession suivant un ordre déterminé, souvent fort difficile à obtenir au début, quand elle
est suffisamment répétée, rend de plus en plus intense la
liaison spontanée cérébrale, et au bout d'un certain temps,
sans qu'il y ait participation de la volonté, l'impulsion
communiquée à la première contraction musculaire s'é-
tend successivement à toutes les autres et nous disons
que tels et tels actes sont passés à l'état d'habitude. En
réalité, l'impulsion cause du premier mouvement passe
successivement de celui-ci à tous les autres, car une répétition suffisante les a vigoureusement coordonnés. Cependant

il est une foule de cas où le mouvement initial a été lié à beaucoup d'autres mouvements, mais ces liaisons n'ont été qu'éphémères, parce que non répétées ; la coordination suffisamment répétée, seule, s'est inscrite profondément dans notre cerveau.

———————

Si maintenant nous considérons dans leur ensemble les résultats de cette liaison spontanée entre des éléments tant simultanés que successifs, il est facile de nous rendre compte que c'est grâce à elle que nous pouvons avoir une idée suffisante de la réalité. L'enregistrement des sensations et même la détermination des types de constance seraient insuffisants si nous ne pouvions les coordonner. *Nous ne formons de types abstraits complets que par les liaisons.*

Le type homme est une combinaison entre des parties communes de sensations visuelles, sonores, tactiles, de température, etc... Un homme est un ensemble d'une certaine forme, doué d'une certaine température, etc....

De même pour tous les types quelconque que construit notre cerveau, métaux, habits, maisons, végétaux, minéraux, animaux, etc... Il n'est pas un seul de ces types, tant abstraits que concrets, à l'égard duquel l'énonciation ou la perception d'un caractère n'évoque immédiatement tous les autres. Cette maison que je vois, éveille en moi l'idée d'une foule de choses : de son volume, des chambres qui y existent, des escaliers qui s'y trouvent, des matériaux dont elle est formée, etc... Cet aboiement que j'entends éveille l'idée d'un chien, avec tout ce que je sais de lui, de sa forme, des détails de sa structure, de ses pattes, de ses griffes, de son anatomie intérieure, de sa rapidité à la course, etc... Pourquoi dit-on qu'un miroir nous donne des illusions ? Pourtant il ne vous donne qu'une image, plane au toucher, mais si nous y voyons un ami, nous ne pouvons nous empêcher de supposer que tous les caractères liés dans notre esprit à l'image de cet ami y sont en cette occasion, et, quoique nous fassions, nous ne pouvons nous le représenter tel qu'il est là en réalité, c'est-à-dire réduit à

6

une image plate ; invinciblement, celle-ci évoque chez nous
le type complet tel qu'il existe dans notre mémoire.
Qu'est-ce que la peinture, sinon un art entier basé sur cette
illusion. Dans tel tableau de paysage, nous voyons les
arbres, la forêt, les grands bœufs à l'ombre et presque le
mouvement des feuilles, alors qu'il n'y a en réalité qu'une
toile peinte de différentes couleurs. Nous pouvons donc dire
que les propriétés constantes et les relations constantes
composent à elles seules presque toute notre mentalité.
Notre cerveau est spontanément un miroir du monde
extérieur, et il nous présente, dans les souvenirs et leurs
liaisons, tous les caractères de constance et de variation
qui appartiennent à ce monde. Il faut toutefois ajouter que,
comme nous le verrons plus tard, cette représentation de
la réalité est loin d'être parfaite.

PLAISIR ET DOULEUR

Nous avons étudié jusqu'ici les sensations au point de
vue des renseignements qu'elles nous fournissent sur le
monde extérieur, mais l'étude des sentiments exige que
nous poussions plus loin nos observations. Il nous faut considérer maintenant des sensations purement subjectives,
c'est-à-dire qui n'ont de valeur qu'en nous, et qui peuvent
être ramenées aux deux grands types : *plaisir et douleur*.

Le plaisir et la douleur sont deux choses qui ne peuvent
être définies : il faut les ressentir pour les connaître. Nous
ne pouvons que déterminer les conditions de leur production, et, dans cet ordre d'idées, l'observation permet de
dire :

1° Que ces deux sensations nous sont fournies par l'ensemble du système nerveux ;

2° Qu'elles sont liées à une activité ou à une lésion de
celui-ci.

Ces deux sensations présentent les caractères différenciels des sensations ordinaires. Elles diffèrent en intensité,

et la langue est fort riche en termes exprimant les diverses modalités de cette intensité : plaisante, agréable, délicieuse, voluptueuse, etc... pour l'une ; désagréable, pénible, ennuyeuse, etc... pour l'autre. Elles diffèrent aussi en genre, en étendue, en durée, en mouvement et en nombre, quoique souvent avec des caractères moins tranchés que les autres sensations.

Ces deux sensations jouissent des propriétés communes à toutes les autres : enregistrement, différenciation et liaison. Elles fournissent même des liaisons dont l'intensité est grande, car il est peu de faits dont l'évocation ne fasse surgir immédiatement le souvenir de la sensation de plaisir ou de douleur qui les accompagnait, lorsqu'on les perçut.

Enfin, comme nous allons le voir, ces deux sensations sont à la base de presque tous nos sentiments, incompréhensibles sans elles.

Nous savons que percevoir et réagir sont les deux caractères de l'animalité, mais nous constatons que la réaction dépend de deux causes fournies l'une par le milieu, l'autre par l'individu.

1° — *Toute sensation tend à déterminer une réaction.* — Si nous ne considérons que la cause de la sensation, c'est-à-dire le milieu, nous constatons que des sensations semblables tendent à déterminer des réactions semblables. C'est ce qui a lieu dans le nombre si grand des cas où la personnalité de l'individu n'a pas à intervenir. C'est sur ce principe que nous nous sommes appuyé pour étudier la formation de la mentalité spontanée, en supposant l'individu neutre, en le considérant comme un pur appareil enregistreur, étendant ainsi à l'ensemble des cas ce qui n'est vrai que dans quelques-uns. Il y avait intérêt à procéder de cette façon, car elle correspond à la formation spontanée des idées où la réaction de l'individu n'intervient que fort tard.

De plus, la considération de la réaction individuelle ne modifie en rien les conclusions tirées de notre étude, à savoir que le cerveau recherche spontanément la constance dans la variation, puis qu'elle consiste simplement à ajouter deux sensations nouvelles aux sensations antérieures comme éléments de combinaisons mentales: au lieu de huit éléments nous en avons dix. Mais, pour l'étude des liaisons entre sensations et réactions, la considération des mobiles subjectifs de réactions est au contraire fondamentale.

2° — *Toute réaction individuelle a pour but de rechercher le plaisir et d'éviter la douleur.* — C'est là une constatation journellement vérifiée et qui est admise par tous quand on donne au mot *plaisir* toute son extension, en y englobant aussi bien celui qui résulte d'une impulsion égoïste que la satisfaction profonde qui suit l'accomplissement des devoirs du plus pur altruisme.

Or, en dehors des causes de plaisir ou de douleur liées à des activités internes ou à des lésions du système nerveux, il en est d'autres d'une importance capitale, celles dues aux sensations. C'est qu'en effet, un certain nombre de celles-ci déterminent en nous, en plus de leurs caractères particuliers déjà connus, un caractère nouveau que nous appelons plaisir ou douleur, suivant le cas.

Si nous voulons considérer le phénomène dans son ensemble, nous pouvons dire que toutes les sensations sont agréables, désagréables ou indifférentes. C'est là le côté purement subjectif de leur action sur nous, car, suivant les personnes, les temps, les lieux ou les dispositions, des sensations semblables sont tantôt agréables, tantôt indifférentes, quelquefois même franchement désagréables. Sur dix individus entendant la même mélodie il n'en est peut-être pas deux la percevant avec la même sensation de plaisir; le paysan admire l'image enluminée qui blesse le goût de l'artiste; nous sommes étonnés, en relisant dans l'âge mûr un plat roman, de l'enthousiasme qu'il développa chez nous dans notre jeunesse, etc...

Que, suivant le premier principe, la sensation soit mobile d'action, c'est un fait d'observation universelle ; mais il est non moins universellement reconnu que notre réaction ne correspond presque jamais à la sensation perçue. Dans l'immense majorité des cas, des sensations semblables provoquent des réactions différentes de la part de divers individus et même chez le même individu. La vue d'un os attire le chien affamé, la vue du même os fait reculer le chien repu. Avant de l'avoir touchée, l'enfant essaie tou-

jours de prendre la flamme de la bougie ; après, au contraire, la même flamme le fait reculer, etc... C'est que, suivant le second principe, rechercher le plaisir et éviter la
douleur sont les deux grands mobiles de toute activité animale, et, comme nous venons de le voir, la même sensation
détermine des réactions absolument différentes, suivant
qu'elle est liée à un souvenir pénible ou à souvenir agréable.

C'est par la combinaison de ces deux principes, influence
du milieu et influence individuelle, qu'est dirigée tout l'activité animale. L'entretien de la vie exige que l'être vivant soit
un individu choisissant entre les actions qu'il subit et réagissant différemment suivant qu'elles sont utiles ou nuisibles
à la conservation de son existence. Douleur et plaisir sont les
deux sensations qui lui permettent de faire cette sélection.
L'individu chez qui une blessure ne déterminerait pas une
sensation de douleur serait bientôt détruit. Inversement,
l'on peut dire que survivent seuls ceux qui perçoivent cette
sensation d'une façon suffisamment intense. Celui qui ne
souffrirait pas de la faim mourrait d'inanition. Les animaux
chez qui une sensation de plaisir suffisamment intense n'est
pas liée à l'exercice de la fonction de reproduction ne se
reproduisent pas.

Nous voyons ainsi que, par suite des conditions mêmes
auxquelles se trouvent subordonnées la conservation des
individus et celle des espèces, seuls survivent ceux chez
lesquels la douleur et le plaisir sont suffisamment vifs pour
stimuler énergiquement l'instinct conservateur, l'instinct
nutritif et l'instinct sexuel.

ÉNERGIE VITALE

Les considérations qui précèdent m'amènent à énoncer
un principe expérimental d'une importance extrême et
plein de conséquences : C'est que *tout organisme vivant est
source d'énergie.* L'activité vitale sous toutes ses formes
est, aussi bien comme sensation que comme réaction, le

résultat du travail fourni par une source interne d'énergie, l'action du monde extérieur se bornant à modifier les manifestations de cette énergie. C'est ce que je vais essayer de faire voir.

Si nous tirons un coup de fusil en présence d'individus appartenant à différentes parties du règne animal, nous voyons chacun d'eux réagir différemment des autres. Les uns restent immobiles, d'autres remuent fort peu, d'autres fuient précipitamment, etc... La mouche ne réagit pas; le lièvre, le cerf détalent; les gros animaux fléchissent brusquement sur les jarrets, l'homme réagit par un mouvement de la partie supérieure du corps. Nous voyons ainsi chaque espèce se comporter différemment, suivant sa nature, son organisation, c'est-à-dire au fond, suivant son énergie propre. Chacun a une source d'énergie spéciale, comme intensité et comme organisation; le bruit produit agit diversement sur ces récepteurs différents et ceux-ci réagissent suivant leur nature et leur puissance. C'est ce qui permet de comprendre qu'une action identique sur tous produit des réactions extrêmement différentes les unes des autres.

Au lieu d'un son, nous pouvons faire l'expérience avec une sensation quelconque : nous voyons toujours une différence profonde entre les réactions, bien que succédant à une même action. Et cette différence se manifeste non seulement entre des individus appartenant à des espèces différentes, mais encore entre les différents individus d'une même espèce; elle se manifeste enfin dans le même individu pris à différentes époques. Prenez dix chevaux différents et faites sonner à leurs oreilles un vigoureux claquement de fouet. L'étalon part à fond de train, le percheron donne un vigoureux coup de collier, le cheval étique redresse à peine la tête : pour une excitation mécanique uniforme quelles différences dans l'intensité des réactions ! Prenez un individu à cinq ans, à vingt ans et à cinquante ans : des sensations de même intensité détermineront chez lui des réactions très différentes; au pincement du bras, la réaction si simple qui suivra, bien que sensiblement la même dans les trois cas, sera beaucoup plus forte dans les deux derniers que dans le premier.

. Généralement la réaction est bien plus forte que l'action. Tel est le cas du chien qui voit le fouet et se sauve ; celui des soldats qui, sur le bref commandement de « marche », s'ébranlent et parcourent des kilomètres. Le simple réflexe lui-même, judicieusement examiné, nous permet de voir qu'il n'est jamais proportionné à l'excitation. Notre réaction à la brûlure dépend non seulement de l'intensité de celle-ci, mais encore de notre état de santé ou de faiblesse, de notre surexcitation, de notre âge, de notre attention, etc.

Les différents animaux, avons-nous dit, sous l'impulsion d'un même bruit, manifestent une énergie de réaction variable. On comprend aisément que l'énergie d'un éléphant soit beaucoup plus grande que celle d'un lièvre et que, mises toutes deux en action, elles permettent à leurs propriétaires de se déplacer aussi facilement l'un que l'autre. Un enfant ne réagit pas aussi vigoureusement qu'un adulte, parce que son énergie est moins intense. L'individu déprimé réagit moins que l'individu en bonne santé, car son énergie est affaiblie. De deux hommes du même âge, si l'un est vif et l'autre lent, si l'un est ardent et l'autre indifférent, si l'un est violent et l'autre craintif, c'est qu'ils ont des énergies différentes. De même qu'ils diffèrent en poids, en hauteur, en largeur, en habitudes, de même ils diffèrent en énergie. Cette énergie vitale, sorte d'électricité produite dans nos tissus dans des conditions ignorées, se manifeste à nous dans les moindres actes de notre activité : c'est le principe même de la vitalité.

Et cette énergie est non seulement au point de départ de notre réaction, mais encore à l'origine de nos sensations, car nous ne percevons le monde extérieur que par des manifestations spéciales de son activité : nos sensations sont des faits d'énergie, au même titre que nos réactions.

La perception résulte d'un effort. Tout nous le prouve. Le sommeil est la cessation des efforts faits pour percevoir le monde extérieur. Quand nous dormons, nous cessons de percevoir une foule de bruits pourtant assez intenses : le tic tac de la pendule, le roulement des voitures dans la rue, le sifflement du vent ; quelquefois même, notre sommeil est si profond qu'on peut nous déplacer sans que nous en ayons conscience, sans que l'organisme fasse l'effort nécessaire pour percevoir les actions du milieu.

L'état de veille constitue une activité permanente de nos différents sens pour percevoir le milieu. C'est l'habitude seule qui fait que nous ne nous rendons pas compte de cette tension permanente, mais que nous soyons fortement absorbés par quelque chose, et la dépense d'énergie, augmentant de ce côté, diminue des autres, et nous ne percevons plus rien hors de ce qui nous intéresse.

Quand nous voulons observer attentivement quelque chose, nous avons parfaitement conscience de l'effort que nous faisons et de la fatigue qui suit, si l'attention a été trop soutenue.

———

Comment est produite cette énergie, c'est ce que nous ignorons. En fait, tout ce que nous constatons d'elle nous la montre simplement comme une source d'activité. De même que chaque pile électrique a une intensité, fonction de sa force électro-motrice et des résistances intérieures, de même l'énergie vitale est fonction d'un certain nombre d'éléments plus ou moins connus, nutrition, organisation, repos, etc... ; de même que l'intensité de chaque pile électrique est modifiée par l'influence du milieu (température, humidité, résistance extérieure, circuits voisins), de même l'énergie vitale est modifiée par le milieu (sensations subies, réactions exercées); c'est l'étude de ces actions du milieu sur l'organisme et des résultats qui en découlent que nous effectuons ici.

Quant au siège de l'énergie, les dernières découvertes anatomiques semblent indiquer qu'elle gît dans les cellules nerveuses. Tout ce que l'on sait du fonctionnement de celles-ci cadre exactement avec l'hypothèse d'après laquelle les cellules seraient des sources d'énergie.

En résumé, nous concevons que chaque individu est doué d'une énergie particulière ; qu'à l'aide de celle-ci il perçoit, par les sens, le milieu dans lequel il vit, fait le tri entre les renseignements fournis, et réagit sur le milieu. Le sommeil est l'état de repos de notre activité, état dans lequel nous sommes aussi nuls comme perception que comme réaction. Nous verrons plus loin que la permanence de notre activité organique, qui semble contredire cette affirmation, est très aisément explicable. La veille est l'état d'activité ordinaire de notre énergie ; ce que nous appelons être éveillés, c'est avoir conscience d'une certaine activité sensorielle ; l'attention est un accroissement de cette activité dans un sens déterminé, l'inattention une diminution de cette activité ; voir et regarder, entendre et écouter, ce que nous appelons l'état passif et l'état actif de nos sens, sont en réalité deux états actifs différant seulement par l'intensité ; la coordination spontanée des sensations, la recherche de la constance dans la variation, opérées par le cerveau, sont les procédés employés par notre énergie individuelle dans l'activité cérébrale.

RÉACTIONS

Nous avons vu que notre cerveau lie spontanément les sensations simultanées et successives. Il nous reste à montrer qu'il effectue un travail identique sur les réactions, qu'il les lie entre elles et aux sensations, et que là aussi, il recherche la constance dans la variation.

Toute sensation est pour l'individu agréable, désagréable ou indifférente. Dans le premier cas, il agit pour la prolonger, la rechercher ou l'accroître ; dans le second cas, il agit pour s'en débarasser ou l'éviter ; dans le troisième cas, il n'agit pas, il reste indifférent. Toutes les fois qu'il y a action, il se fait une liaison spontanée entre les différentes actions et entre les actions et sensations simultanées. Cette liaison, semblable à celle que nous avons vue s'effectuer entre les sensations, est d'autant plus solide que les éléments assemblés l'ont été plus énergiquement et qu'elle s'est renouvelée plus souvent. C'est ce que l'observation met en lumière.

1° *Liaison entre réactions.* — Si nous considérons une liaison particulière entre des réactions, nous voyons qu'elle gagne en force à chaque répétition. Qu'est-ce que la marche, sinon une liaison entre un ensemble de mouvements. Lorsque l'enfant apprend à marcher, il effectue, sous un effort de volonté, un certain nombre d'actes. Son but est de marcher tout seul, mais comment s'y prend-il? S'il voulait du premier coup s'élancer il tomberait aussitôt. Pourquoi? C'est qu'il ne sait pas quels muscles mettre en jeu et avec quelle intensité les mouvoir. Certes les idées de muscles, de mouvements et d'intensité n'existent pas dans son cerveau; il n'y a dans son esprit que l'image de gens qui se déplacent, la vue des mouvements qu'ils effectuent et la tendance spontanée à les imiter; mais quand il veut le faire, il doit passer par une série de tâtonnements. Il essaie un premier mouvement, un second, puis un troisième, et ainsi de suite jusqu'à ce que l'un d'eux lui permette d'obtenir un peu du résultat désiré. Il s'opère dans sa mémoire une liaison spontanée entre ces différents mouvements, mais seuls certains d'entre eux sont fréquemment répétés, ce sont les mouvements efficaces à produire l'effet cherché. Il en résulte que la ljaison entre les mouvements utiles prend une importance croissante au détriment des liaisons fortuites nées d'essais malheureux. Elle finit par surgir seule chaque fois que l'enfant veut marcher. Aussi voyons-nous celui-ci acquérir une assurance croissante. Tous ceux qui ont observé les progrès d'un enfant qui apprend à marcher, ont suivi l'expérience naturelle qui met le mieux en lumière la faculté de liaison spontanée et la recherche de la constance qui sont le fond même de l'activité cérébrale; ils ont vu les liaisons fréquentes accroître de jour en jour, par la répétition, leur prépondérance sur les autres, c'est-à-dire la coordination des mouvements utiles devenir de plus en plus stable; ils ont vu les mouvements désordonnés, si nombreux au début, progressivement éliminés jusqu'au jour où ils ont cessé et où l'enfant a pu se lancer et parcourir un certain espace sans être soutenu. Mais pour arriver à l'assurance dans la marche, que de tâtonnements encore!... Combien de mois avant que la liaison entre les différents mouvements, entre les formes si nombreuses de l'activité musculaire qui interviennent dans la marche, soit établie, avant que chaque mouvement n'intervienne qu'avec l'intensité voulue, avant, enfin, que l'habitude soit prise.

Il n'est pas une seule des habitudes que nous avons qui n'ait donné lieu au même phénomène, plus ou moins étendu, car, plus nous avançons en âge, plus nous éliminons dans nos actes les mouvements que de précédentes expériences nous ont démontré être inutiles au but cherché. C'est pour cela que l'observation de l'enfant est une source si précieuse de renseignements, car chez lui les éliminations systématiques sont réduites au minimum. Prenons, par exemple, l'acte qui nous semble si naturel, de porter un objet à sa bouche. Il faut avoir vu un enfant acquérir cette habitude pour se rendre compte de sa complexité. Au début, l'enfant lance le bras, mais la main tâtonne autour du but, touche le nez, les joues, le menton, etc...; l'essai est renouvelé jusqu'à ce que la main arrive à la bouche. Que s'est-il passé ? Tous ces mouvements ont laissé des souvenirs ; mais le dernier, par le seul fait qu'il a été efficace, a laissé un souvenir vivace, intense, il est lié à la satisfaction d'avoir réussi ; qu'une deuxième fois l'enfant essaie d'atteindre sa bouche : les essais se reproduisent, certains faux mouvements se répètent, de nouveaux s'y adjoignent, par contre, plusieurs mouvements qui avaient été faits précédemment ne sont pas reproduits. On se rend compte, en effet, que s'il n'y a qu'un mouvement utile, il y en a une infinité de mauvais. Quoi qu'il en soit, l'essai ne cesse que lorsque le mouvement utile a été effectué. A chaque nouvel essai le même phénomène se produit, de sorte que le mouvement utile est toujours répété, un peu plus tôt, un peu plus tard, tandis que les autres ne le sont chacun qu'un certain nombre de fois, au hasard des essais. Dès lors, ce mouvement, plus fréquemment répété que les autres, plus remarqué qu'eux par suite de la sensation de plaisir qui s'y lie, devient de plus en plus vigoureusement coordonne, c'est-à-dire que les contractions musculaires qui le déterminent deviennent de mieux en mieux liées les unes aux autres, et il arrive un moment où seules elles se reproduisent : ce jour-là l'habitude est prise.

Il serait facile de multiplier les exemples, et ceux-ci nous permettraient tous de constater que, plus un mouvement est répété, plus la liaison entre les différents actes qui le composent devient forte et durable. C'est ainsi qu'au bout d'un temps plus ou moins long, nous acquérons une *habi-tude*, c'est-à-dire l'*aptitude à répéter spontanément toute une série d'actes déterminés*.

2° *Liaison entre sensations et réactions*. — Nous avons vu que la coordination des sensations, que celle des réactions, consistaient à faire surgir les liaisons qui sont le plus fréquemment répétées, à effectuer par conséquent une recherche spontanée de la constance dans la variation. Nous allons voir que la liaison entre sensations et réactions s'effectue de la même manière.

Tout être vivant est source d'énergie. C'est à l'aide de cette énergie qu'il perçoit le milieu et qu'il réagit sur lui. On comprend dès lors que l'activité peut percevoir sans réagir, ou réagir sans percevoir, ou percevoir et réagir. Quand nous écoutons une mélodie ou que nous regardons un spectacle intéressant nous percevons sans réagir ; quand nous nous promenons en réfléchissant à tout autre chose que ce qui nous entoure, quand nous effectuons des actes habituels sans même penser à ce que nous faisons, nous réagissons sans percevoir ; quand enfin nous soutenons une conversation intéressante, quand nous exécutons un travail qui exige toute notre attention, nous percevons et nous réagissons. On comprend dès lors qu'il ne peut y avoir liaison entre sensations et réactions que quand ces deux éléments du problème existent, soit simultanément, soit successivement. Mais, quand cette condition se trouve remplie, il se fait ici aussi une liaison spontanée entre sensations et réactions avec prééminence des liaisons les plus fortes, les plus répétées. C'est ce que l'observation fait constater.

Un nouveau-né a faim. Il éprouve cette sensation sto-macale, désagréable pour lui, que nous appelons la faim. Il cherche à s'en débarrasser. C'est là le but de l'activité qu'elle détermine. Pour y arriver, tout le système muscu-laire entre en jeu ; l'enfant crie, pleure, s'agite. Mettez le sein de sa nourrice au contact de ses lèvres : sous cette influence, les lèvres, la langue, toute la partie supérieure du tube digestif, sont animées de ces mouvements de con-traction que nous appelons succion et déglutition ; le lait pénètre dans l'estomac et la sensation douloureuse diminue, Dès lors, ce dernier ensemble de mouvements se lie au sentiment de soulagement éprouvé, toute autre forme d'activité disparaît, et celle-ci seule est répétée jusqu'à ce que la sensation de faim ayant disparu, l'activité qu'elle stimulait cesse également.

Toutes les fois que le même phénomène se reproduit, nous voyons la liaison « faim-succion » prendre le pas sur les autres, tant qu'à la fin elle devient spontanée et que les rôles se renversent : au lieu de se produire la dernière, elle se produit la première. Dès les atteintes du besoin, nous voyons l'enfant essayer de téter, et ce n'est qu'en constatant que, par suite de l'absence du sein, il ne sent pas sa faim diminuer, qu'il pleure et qu'il s'agite.

Puis la forme du sein, par sa perception fréquente, est liée à la sensation de soulagement que procure sa succion, et sa vue détermine le rire de l'enfant, qui tend ses bras pour le saisir.

Plus tard, les circonstances secondaires varient ; le sein est remplacé par l'assiette, la vue de celle-ci et celle de la cuiller déterminent d'autres coordinations de mouvements, mais toujours liées à la sensation fondamentale de faim.

La liaison sensation-réaction conserve toujours un principe constant : la liaison faim-action. A la faim se joignent tour à tour des sensations visuelles diverses, sein, assiette, cuiller, etc..., des sensations tactiles, olfactives, gustatives, qui toutes modifient le deuxième terme *action*, lequel est tour à tour cri, succion, mastication, préhension ou crachat, quand l'aliment est de goût désagréable ou trop chaud.

L'étude de cette dernière réaction est même curieuse à faire. Lorsque, pour la première fois, l'enfant a mis dans sa bouche une cuillerée de potage trop chaude, comme il ne sait que faire, il réagit comme pour toute brûlure, tâche d'éloigner la partie brûlée de la cause du mal, contracte ses muscles et sa bouche s'ouvre toute grande ; puis il pleure, mais l'idée ne lui vient pas de cracher et l'on a beaucoup de peine à lui faire comprendre ce qu'il doit faire. Mais une fois l'habitude acquise, elle se lie à la sensation de brûlure et s'effectue spontanément.

L'instinct conservateur est coordonné autour de la notion de douleur qui nous est fournie par notre système nerveux tout entier. Toute impression douloureuse tend à déterminer une réaction. Mais, à l'origine, les deux termes sont imprécis : la liaison douleur-action est générale, c'est-à-dire qu'une douleur quelconque met en action tous les muscles. Sous l'impression douloureuse de faim, l'enfant crie et s'agite. Il fait de même s'il a quelque piqûre ou quelque colique. Il suffit d'avoir observé un nouveau-né pour savoir de quelle façon anxieuse tout le monde s'interroge en le voyant s'agiter et pleurer : qu'a-t-il ? a-t-il faim ? non, il refuse le sein. Il est peut-être mal enveloppé, ou mouillé ; une épingle le blesse-t-elle ?... on ne sait, on cherche et chacun s'ingénie à découvrir une cause qui se manifeste si obscurément. Plus tard, telle cause de douleur se lie à telle réaction déterminée par l'expérience et répétée chaque fois ; quand l'enfant se brûle il retire vivement la partie brûlée ; quand il souffre de l'intestin il porte les mains à son ventre. Puis les choses se compliquent, le souvenir des chutes le rendent hésitant à marcher par la crainte qu'il a de tomber et de se faire mal ; la main levée de la mère irritée lui fait lever le bras pour se protéger le visage. Enfin, par le langage, l'enfant acquiert une foule de notions ayant toujours la douleur comme élément : ne pas toucher au feu, aux couteaux, aux ciseaux, etc...

Ainsi se créent une foule de mouvements et de freins liés à des images particulières coordonnées autour de la liaison douleur-action dont elles constituent les modalités précises. Et ces mouvements spéciaux se lient si fortement à chaque sensation que souvent, plus tard, nous ne pouvons nous empêcher de les exécuter.

En résumé, nous constatons que les réactions donnent lieu au même travail cérébral que les sensations, ce qui ne peut nous surprendre, puisque sensations et réactions ne sont que les manifestations différentes d'une même source d'activité : l'énergie vitale.

SENTIMENTS, HABITUDES, INSTINCTS, RÉFLEXES

Percevoir et réagir sont deux modes différents de notre activité vitale. Sous l'impulsion de notre énergie, nous percevons (sensations) et nous réagissons (réactions). On comprend donc que perceptions et réactions sont des impulsions dans deux sens opposés.

Chaque mode de combinaisons entre ces impulsions a reçu un nom particulier.

L'*état de veille* est l'impulsion permanente vers les sens.

Les *sensations* sont la conscience des modifications apportées par le monde extérieur dans nos impulsions vers les sens.

Un *sentiment* est une liaison entre un bloc de souvenirs et une impulsion poussant à réagir, sans que le procédé de réaction soit déterminé. La perception d'une sensation rappelle le souvenir de la sensation semblable enregistré dans la mémoire et, avec lui, le reste du bloc des souvenirs et l'impulsion qui y sont liés. C'est ce que nous constatons en disant que les sentiments poussent à l'action. Bonté, générosité, vanité, et combien d'autres, sont des sentiments.

Une *habitude* est une liaison entre un bloc de souvenirs et une impulsion vers des réactions déterminées. Nous saisissons de suite la différence qui existe entre un sentiment et une habitude. Dans le premier cas, l'impulsion est vague, dans le second elle est dirigée vers un ensemble de réactions coordonnées. Dans le premier cas, il y a nécessité du concours de la raison pour déterminer la réaction ; dans le second, les résultats de ce concours ont été fixés et la réaction à faire se présente d'elle-même. Nous avons étudié longuement la formation de nos principales habitudes lorsque nous avons considéré les liaisons entre sensations et réactions, nous n'y reviendrons pas.

Un *instinct* est une habitude transmise par hérédité. Un

instinct, inné chez un individu, est la transmission qui lu est faite d'une habitude acquise par l'un de ses ancêtres. En d'autres termes, les liaisons cérébrales qui constituent une habitude sont transmises, par celui qui les a acquises, à ses descendants. On se rend compte de suite de l'importance de ce phénomène dont la claire compréhension nous donne la clef des propriétés innées chez l'individu, du processus de leur formation et, chose capitale, des conditions de leur modification.

Un *réflexe* est une habitude où toute la partie cérébrale est éliminée. C'est la combinaison la plus simple possible entre un souvenir et une réaction, celle où tous les éléments intermédiaires, dont le concours a été nécessaire pour déterminer la réaction, sont éliminés.

Nous avons vu, en étudiant la façon dont un enfant apprend à marcher, la multiplicité des éléments mentaux qui concouraient à ce résultat ; mais, une fois l'habitude acquise, la liaison entre le souvenir des sensations qui éclairent la marche et les réactions nécessaires se renforce de plus en plus par la répétition constante, alors que tout l'échafaudage cérébral, n'étant plus nécessaire, n'est plus évoqué et que sa liaison avec les éléments précédents diminue progressivement d'intensité. Au bout d'un certain temps, le souvenir en disparaît, et il ne reste plus que celui de la sensation initiale, intimement lié à la réaction définitive.

Le même phénomène se produit du reste dans la formation de toutes nos habitudes : il y a élimination de tout l'échafaudage intellectuel intermédiaire. Aussi la différence entre l'habitude et le réflexe est-elle une simple différence de complication : les réflexes sont les habitudes les plus simples, celles où l'association des neurones se fait dans le rachis.

Et si nous considérons habitudes, instincts et réflexes, nous constatons que ces trois noms servent à caractériser différents stades ou sièges des résultats d'un même procédé mental, celui par lequel, après avoir déterminé, sous l'impulsion d'un sentiment, à l'aide de combinaisons mentales, un ensemble de réactions, nous lions directement celles-ci au sentiment initial, en éliminant les liaisons intermédiaires. Spontanément, notre cerveau fait de la *déduction*,

puisqu'il déduit, d'une suite de relations, la liaison directe
entre les deux termes extrêmes.

Jetons un regard d'ensemble sur tout ce que nous avons
étudié jusqu'ici.

L'individu est source d'énergie. Celle-ci est le principe de
toute vie et de toute activité.

A l'aide de son énergie, l'individu perçoit le monde
extérieur et réagit sur lui. Il perçoit le monde extérieur
par les sept sensations objectives (lumières, sons, pressions, températures, électricités, saveurs et odeurs) ; il
perçoit les actions du monde extérieur sur son organisme
par les deux sensations subjectives de douleur et de plaisir,
et il perçoit les réactions qu'il exerce par la sensation
subjective d'effort. Enfin, si nous voulions compléter le
cycle, nous pourrions dire qu'il perçoit les résultats de son
action sur le monde extérieur par les sensations objectives
et de son action sur lui-même par les sensations subjectives
de douleur et de plaisir. Nous reviendrions ainsi à notre
point de départ en englobant toute la sphère où se meut
notre existence.

Ces dix sensations (sept objectives et trois subjectives),
qui caractérisent les modalités différentes de notre énergie
vitale, sont les matériaux de toute notre mentalité.

Si maintenant nous étudions de quelle façon nous les
combinons par notre activité spontanée, nous voyons
d'abord que nous les percevons d'autant mieux que l'énergie que nous dépensons à cette perception est plus considérable : c'est ce que nous appelons l'*attention*.

En second lieu, nous constatons que nous conservons le
souvenir de toutes les sensations perçues, mais que la durée
et l'intensité de ce souvenir dépendent d'une foule de conditions. L'ensemble des souvenirs constitue ce que nous
appelons la *mémoire*.

En troisième lieu, nous constatons que nous *différencions*
les uns des autres les différents éléments d'une sensation.

En quatrième lieu, nous constatons que nous *lions*
ensemble spontanément toutes les sensations, tant simultanées que successives, et que la durée et l'intensité de ces
liaisons dépendent aussi d'une foule de conditions.

En cinquième lieu, nous constatons que les souvenirs et

7

les liaisons de souvenirs gagnent en force et en stabilité à chaque répétition du phénomène qui les détermine, soit par une perception d'actes semblables à ceux qui les ont causés, soit par une évocation subjective de ces souvenirs eux-mêmes. Il en résulte qu'au bout d'un certain temps seuls surnagent les souvenirs et les liaisons suffisamment répétés, constituant ainsi les éléments fixes de notre mentalité déterminés par une véritable *abstraction* spontanée de ce qui est constant dans la masse de nos enregistrements mentaux.

En sixième lieu, nous constatons que les liaisons entre sensations, entre réactions, entre sensations et réactions, s'effectuent dans les mêmes conditions les unes que les autres.

En septième lieu, enfin, nous constatons que habitudes, instincts et réflexes sont des relations directes entre les deux termes extrêmes d'une suite de liaisons, relations spontanément établies par notre activité mentale, qui effectue ainsi de véritables *déductions*.

Et maintenant que nous avons déterminé les éléments de notre mentalité et les procédés employés par notre activité pour en tirer parti, nous allons étudier ce qu'il en résulte et voir ce que produit ce travail spontané.

INTRODUCTION A LA SYNTHÈSE MENTALE

Par l'analyse des sensations nous avons déterminé les éléments de toute mentalité, par la détermination des lois du travail cérébral nous avons mis en lumière les procédés suivis par le cerveau pour utiliser ces éléments; mais il nous reste encore autre chose à déterminer avant de pouvoir nous consacrer à la synthèse mentale. C'est qu'en effet, les deux ordres de recherches que nous venons d'opérer concernent seulement ce qu'on peut appeler les éléments *directs* de la mentalité, alors qu'il est d'autres éléments dont la considération s'impose, car leur action, bien qu'indirecte, est considérable.

La mentalité est étroitement subordonnée aux différentes causes qui influent sur notre cerveau, puisqu'elle n'est qu'une des formes de l'activité qui s'y manifeste. Or le cerveau n'est qu'un des multiples appareils biologiques qui constituent l'être humain.

Nous savons, d'autre part, que ces appareils biologiques sont intimement liés et réagissent profondément les uns sur les autres. Nous savons de plus que l'ensemble du tout, c'est-à-dire l'Etre humain, est étroitement subordonné au milieu dans lequel il vit. Dès lors, il est facile de conclure que le milieu et la synthèse humaine doivent influer profondément sur notre synthèse mentale. C'est ce qui a lieu en effet, aussi allons-nous préalablement déterminer, dans une introduction aussi succincte que possible, ces éléments complémentaires de toute mentalité.

Pour éclairer cette partie du travail, il est nécessaire de résumer en quelques lignes les principaux points de la biologie.

PRÉAMBULE BIOLOGIQUE

1. — Tout être vivant est formé d'une cellule ou d'un ensemble de cellules. Dans ce dernier cas, celles-ci sont soudées plus ou moins étroitement les unes aux autres, coordonnées suivant certains principes, mais jouissent de leur vie propre, vie indépendante dans une certaine mesure de celle des autres cellules et de celle de l'organisme dont elles font parties.

2. — Toute cellule vivante présente deux genres d'activité. Le premier consiste en un mouvement intestin et continu de composition et de décomposition appelé *nutrition*. Le second consiste en la perception des actions exercées par le milieu sur la cellule et en la réaction de celle-ci ; on l'appelle *irritabilité*. Le premier constitue la *vie de nutrition* et le second la *vie de relation*

3. — La vie de nutrition est à deux, quatre où six phases.

4. — La vie de nutrition à deux phases, ou *vie de nutrition cellulaire*, consiste en ce que chaque cellule puise directement dans le milieu les éléments de sa nutrition (incrétion) et y rejette les résidus de son activité (excrétion). C'est celle qui est propre à toutes les cellules vivantes et qui est la seule présentée par les organismes inférieurs formés d'une cellule ou d'un ensemble de cellules non différenciées (protozoaires, algues).

5. — La vie de nutrition à quatre phases comprend comme phases fondamentales celles de la nutrition cellulaire, puisque cette nutrition est toujours le but poursuivi ; mais l'incrétion cellulaire est précédée d'une phase où ses éléments sont préparés, et l'excrétion cellulaire est suivie d'une phase où ses résidus sont recueillis. C'est cette vie de nutrition que présentent les végétaux à cellules différenciées, c'est elle qui assure la nutrition des mésozoaires, des métazoaires, des phytozoaires et qui constitue dans le règne animal, à partir des artéozoaires, la *circulation*, tant *sanguine* que *lymphatique*. En prenant un exemple dans les végétaux supérieurs, où les phases sont nettement caractérisées, nous voyons, chez les dicotylédonés, les cellules végétales puiser leur nourriture dans la sève et y rejeter leurs résidus. Or cette sève, véritable milieu intérieur, est puisée dans le sol par les racines et régénérée aux feuilles.

6. — La vie de nutrition à six phases comprend, outre les quatre phases précédentes, deux nouvelles phases, l'une où sont préparés les éléments absorbés, l'autre où sont recueillis les produits excrétés. Ces deux dernières phases n'existent que chez les animaux et à partir des artiozoaires, où elles s'effectuent dans les *appareils d'alimentation et d'excrétion.*

L'homme est le type le plus parfait de cette vie de nutrition à six phases. Dans les phases *cellulaires* la cellule puise sa nourriture dans le sang et dans la lymphe, puis rejette ses résidus dans le sang, la lymphe et les glandes sécrétoires (hépatique, pancréatique, spermatique, sébacées, sudoripares, salivaires). Les phases *intraépithéliales* ou *circulatoires* consistent à entretenir le milieu intercellulaire : les villosités intestinales puisent le chyle dans le bol alimentaire, l'épithélium pulmonaire puise l'oxygène dans l'air respiré, et ces deux éléments servent à l'entretien du sang ; l'épuration de celui-ci a lieu par les reins pour les résidus liquides et par les bronches pour les gaz. Enfin les phases *extraépithéliales*, ou *alimentaire* et *excrétoire*, fournissent les éléments de la circulation et recueillent les déchets de l'organisme : d'une part, le chyme se prépare dans le tube digestif à l'aide des aliments et des secrétions salivaires, gastriques et intestinales, tandis que l'oxygène se prépare dans l'appareil respiratoire ; d'autre part, certaines excrétions cellulaires sont recueillies dans les glandes gastro-intestinales, salivaires, génitales, sébacées et sudoripares, celles de la circulation sont recueillies dans la vessie et celles de l'alimentation dans le rectum, alors que celles de la respiration sont exhalées par les bronches.

Si nous voulons suivre l'évolution des phénomènes, nous voyons dans la première phase se préparer le chyle à l'aide des aliments et des secrétions internes, l'oxygène à l'aide de l'air inspiré ; dans la deuxième phase se préparer le sang à l'aide du chyle et de l'oxygène ; dans la troisième

phase les cellules extraire du sang et de la lymphe les
éléments nécessaires à leur nutrition ; dans la quatrième
phase ces mêmes cellules rejeter leurs résidus dans le sang,
la lymphe, les glandes salivaires, gastriques, hépatiques,
pancréatiques, spermatiques, sébacées et sudoripares ;
dans la cinquième phase, le sang se nettoyer aux reins et
aux poumons ; enfin dans la sixième phase conserver dans
des réservoirs spéciaux et expulser à des instants déterminés, la salive, les sucs gastriques, hépatique et pancréatique, le sperme, la graisse, la sueur, les larmes, l'urine,
l'air expiré et les fèces.

Si l'on compare les trois séries de la vie de nutrition, on
constate que chacune facilite celle qui la précède et
est facilitée par celle qui la suit. Les phases cellulaires
sont facilitées par les phases intraépithéliales, qui leur
apportent à domicile, on peut le dire, les éléments qui leur
sont nécessaires et qui remportent les produits de désassimilation (circulation) ; les phases intraépithéliales sont
facilitéespar les phases extraépithéliales, qui leur préparent
les éléments gazeux et solubles nécessaires (respiration,
digestion).

Les êtres vivants inférieurs, tant animaux (protozoaires)
que végétaux (algues), ne présentent que les deux phases
de la nutrition cellulaire ; les végétaux supérieurs présentent
les quatre premières phases, mais les animaux supérieurs
seuls présentent les six phases de la vie de nutrition.

8. — La vie de relation est la seconde face de l'activité
cellulaire. On constate, par l'observation, que la cellule
vivante, sous l'influence de causes diverses, est doué de
mouvements (amiboïsme, cils vibratiles) ; c'est ce que l'on
appelle l'*irritabilité cellulaire*. Chez les êtres supérieurs les
deux phases de l'irritabilité sont différenciées et appelées
sensibilité et*motricité*.

9. — Quand la sensibilité et la motricité s'effectuent par
des organes différents (*sens* et *muscles*), ceux-ci sont réunis
à l'aide d'un appareil intermédiaire, le *système nerveux*.

10. — Mais le système nerveux lui-même présente une
division de fonctions. Il perçoit des sens par les *nerfs sensitifs* et réagit sur les muscles par les *nerfs moteurs*. Or, dans
le cas le plus simple, nerf sensitif et nerf moteur ne sont

que les prolongements opposés émis par une cellule nerveuse. Celle-ci reçoit l'excitation par ses prolongements
sensitifs et réagit par son prolongement moteur : nerfs
sensitifs et nerfs moteurs constituent donc un appareil de
relation interposé entre sens et muscles et la cellule
nerveuse.

11. — Comme nous le voyons, la cellule nerveuse est
l'organe central où aboutit l'action extérieure et d'où part
l'impulsion réagissante. C'est donc elle qui comporte les
deux premiers degrés de vie de relation (sensation, réaction), puisqu'elle est le nœud de tout et que, d'autre part,
certains être vivants ne sont formés que d'une cellule.

En conséquence nous appellerons : 1° *vie de relation
cellulaire* ou à deux phases celle présentée par la cellule
même ; 2° *vie de relation intra nerveuse* ou à quatre phases
celle présentée par l'ensemble des cellules et de leurs
prolongements ; 3° *vie de relation animale* ou à six phases
celle qui comprend de plus les organes interposés entre les
nerfs et le milieu extérieur (sens et muscles).

12. — La vie de relation *cellulaire* est au fond ce qu'on a
appelé jusqu'à ce jour *irritabilité*. Elle est commune à toutes
les cellules. C'est la seule que présentent les êtres inférieurs qui sont constitués par une cellule ou par un ensemble
de cellules semblables.

Dans les êtres supérieurs, certaines cellules ont un développement très grand de leurs qualités de perception
(cellules sensibles) ou de leurs qualités motrices (cellules
musculaires). De plus, les cellules sensibles se partagent le
travail de la perception, chacune n'ayant de développée que
la qualité lui permettant de percevoir un ordre déterminé
de sensations (chaleur, lumière, son, etc.).

13. — La *vie de relation cellulaire* est pour nous aussi
obscure que la vie de nutrition cellulaire. Dans les deux
cas, nous ne connaissons que les manifestations extérieures
(incrétion-excrétion d'une part, perception-mouvement
d'autre part), sans rien savoir sur l'activité interne. Toutefois, il semble probable que la vie de nutrition est une
activité chimique, alors que la vie de relation est une
activité électrique. Or, nous savons, d'autre part, que les
activités chimique et électrique sont liées et réagissent

profondément l'une sur l'autre. Il y a, je crois, dans cette considération, la clef de bien des phénomènes physiologiques.

14. — La *vie de relation intranerveuse* a pour organes, en plus des cellules nerveuses, les *nerfs sensitifs* et les *nerfs moteurs*. Si nous concevons le système nerveux comme un tout, nous voyons que les nerfs sensitifs perçoivent, que les nerfs moteurs réagissent : l'ensemble constitue donc bien un appareil doué de la vie de relation.

15. — La *vie de relation animale* a de plus pour organes spéciaux les *sens* et les *muscles*. Si nous considérons un animal dans son ensemble, nous voyons qu'il perçoit par les sens, qu'il réagit par les muscles ; c'est donc bien un être doué de la vie de relation.

Si nous considérons les muscles, nous voyons qu'ils se contractent sous l'impulsion qui leur est fournie par les nerfs, c'est-à-dire qu'ils sont formés de cellules sensibles à l'action nerveuse, ayant leur contractibilité extraordinairement développée, et combinées en des appareils tels (muscles lisses et muscles striés) que la contraction simultanée de toutes les cellules amène une modification considérable dans la forme de l'ensemble (contraction musculaire).

16. — Si nous considérons les sens, nous y constatons une complication infiniment plus grande que dans les muscles. Les sens sont des organes interposés entre les nerfs et le monde extérieur, ayant pour fonction de ne laisser arriver aux nerfs que des sensations modifiées.

L'œil est un organe compliqué qui a pour but de tamiser la lumière, de l'épurer, de la concentrer, de différencier les rayons lumineux, de façon que les extrémités nerveuses (rétine) soient affectées par une image à peu près semblable à la réalité. L'oreille a une fonction identique, elle renforce les sons, les épure, les différencie dans une série d'appareils d'une complication extrême. Le nez et la bouche ne laissent arriver l'air et les aliments que dans des conditions de température, de propreté, de division particulières. Le riche réseau nerveux de l'épithélium ne perçoit les températures que tamisées par la chaleur de l'épiderme et des cellules ambiantes.

Les terminaisons nerveuses qui sont sensibles aux pressions ne les perçoivent qu'au travers d'un épiderme plus ou moins épais et, suivant que ces pressions sont habituellement faibles ou fortes, sont protégées en conséquence ; où les pressions sont légères, les corpuscules de Meismer-Wagner sont très riches en terminaisons nerveuses (organes génitaux), où les pressions sont plus fortes les corpuscules de Meismer-Wagner sont moins riches en terminaisons nerveuses et celles-ci sont plus sérieusement protégées (pulpe des doigts), enfin où les pressions deviennent considérables, les corpuscules de Vater-Pacini ne contiennent plus qu'une terminaison nerveuse fortement protégée (paume de la main, talon, intérieur des muscles).

17. — En résumé, nous voyons la vie de relation animale préparer dans la première phase les éléments de la sensation et dans la 6e réagir par les muscles infiniment mieux que si les nerfs seuls se contractaient ; la vie de relation intra-nerveuse transmettre dans la deuxième phase des sens aux cellules nerveuses et dans la cinquième de celles-ci aux muscles les sensations et réactions, la vie de relation cellulaire, dans la troisième phase percevoir et dans la quatrième exercer la réaction déterminée.

18. — Si nous considérons l'ensemble de ce qui précède, nous voyons que la vie de nutrition cellulaire à deux phases est seule fondamentale et obligatoire, et que toutes les complications qui s'y superposent ont pour unique but de la faciliter. La circulation a pour but de faciliter la nutrition cellullaire ; l'alimentation facilite la circulation ; la vie de relation à deux phases facilite le tout, en permettant de connaître le milieu et de réagir sur lui ; les nerfs facilitent le travail des cellules nerveuses, et enfin les sens et les muscles facilitent le travail des nerfs.

19. — Mais l'action bienfaisante de la vie de relation ne se borne pas à ce rôle indirect. L'appareil nerveux réagit directement sur la circulation et sur l'alimentation pour en rendre le fonctionnement régulier. Sous son influence, la circulation se régularise et se perpétue, la température se maintient, les organes digestifs entrent en fonction, etc... C'est grâce à cette réaction de la vie de relation sur la vie de nutrition que notre cœur bat, que nous respirons, que nous digérons. C'est grâce à elle que les cellules des

animaux supérieurs échappent à la léthargie qui saisit en hiver les cellules végétales ainsi que celles des animaux inférieurs où une innervation insuffisante ne peut arriver à vaincre l'effet produit par l'abaissement de la température.

20. — Dans la vie de relation à deux phases, on constate que la cellule perçoit et réagit mais sans connaître le mécanisme interne qui fait qu'une impression spéciale détermine une réaction particulière. Ce mécanisme inconnu exécute ce que l'on appelle la vie de *coordination cellulaire*.

Dans la vie de relation à six phases, l'on constate de même qu'à certaines impressions correspondent certaines réactions. Si donc nous considérons l'animal comme un tout, nous constatons qu'il a, lui aussi, sa vie de coordination.

Dans l'un comme dans l'autre cas, les connaissances anatomiques sont encore très incomplètes. Aussi ne peuvent elles être invoquées qu'à titre de confirmation, et la coordination vitale doit-elle être établie d'après l'observation de l'activité dans ses diverses manifestations.

SYNTHÈSE HUMAINE

VUE D'ENSEMBLE

Tout individu est source d'énergie. Par le seul fait qu'il existe, que les activités chimiques qui constituent le travail cellulaire s'effectuent, il y a production d'énergie vitale. Celle-ci détermine un état permanent d'impulsion tant qu'elle n'a pas été dépensée, et tend à se manifester par les trois procédés qu'elle a à sa disposition : elle nous pousse à rechercher les sensations, à réagir et à combiner sensations et réactions. Nous voyons par là que les trois impulsions élémentaires de la nature humaine sont déterminées : 1º par le besoin d'agir, qui caractérise l'énergie vitale accumulée ; 2º par les trois seuls procédés par lesquels cette énergie vitale puisse se dépenser. Nous remontons ainsi jusqu'aux éléments anatomo-physiologiques de la vie, qui nous sont fournis par l'observation, et sur lesquels s'appuient toutes nos spéculations.

L'impulsion, tant qu'elle n'a pas été satisfaite, crée un état particulier que nous dénommons: *besoin d'agir*. C'est cet état spécial dans lequel nous sommes quand nous voulons faire quelque chose et que, pour une cause quelconque, nous immobilisons momentanément notre activité ; c'est cette sorte d'ennui, d'énervement, qui précède la marche lorsqu'on a été longtemps assis, qui précède l'acte de violence que l'on commet dans un moment d'emportement, que l'on ressent lorsqu'on veut écouter ou voir et qu'on ne peut y parvenir, qui rend si pénible l'importun qui trouble vos méditations.

Par contre, la satisfaction à une impulsion détermine une autre état qu'on appelle *satisfaction* ou *plaisir*. Nous avons du plaisir à voir, entendre, ou toucher ce que nous voulions voir, entendre ou toucher, à marcher après avoir été longtemps assis, à parler et à chanter quand nous sortons d'un silence trop prolongé, à effectuer l'effort mental nous permettant de trouver ce que nous cherchons. Et ce plaisir, cette satisfaction, d'autant plus intenses que l'impulsion a été plus vigoureuse, disparaissent avec elle. Qui n'a constaté que les choses les plus agréables au début finissent par déplaire quand elles sont trop prolongées.

Besoin d'agir et *plaisir* sont donc deux manifestations sensibles, liées à nos diverses impulsions.

Percevoir, réagir et combiner étant les trois manières d'agir de l'énergie vitale, nous appelons impulsions percevantes, réagissantes et coordonnantes les trois impulsions qui y correspondent.

Impulsion percevante. — Un individu chez lequel il n'y a pas impulsion poussant à se souvenir et à percevoir est un individu qui dort. Le *sommeil* est la non conscience de souvenirs et de perceptions. C'est un état dans lequel l'organisme se répare et élabore son énergie vitale. Lorsque celle-ci est arrivée à un degré de concentration suffisant, il y a : 1° remise en activité de l'organe où sont enregistrés nos souvenirs, d'où rappel de notre mémoire et des principaux faits qui la composent; 2° impulsion poussant à rechercher des sensations nouvelles : tous nos sens se mettent en quête, nous nous éveillons. L'*état de veille* est donc déterminé par une impulsion continue de notre énergie vitale vers les souvenirs et vers les sens, poussant à se rappeler le passé, à percevoir et enregistrer toute sensation nouvelle.

Ceci dit, nous constatons que toute perception se compose de deux éléments : un subjectif, c'est-à-dire dépendant de nous : l'impulsion poussant à percevoir ; l'autre objectif, c'est-à-dire dépendant de l'objet perçu : la sensation perçue. Il faut la combinaison des deux pour qu'il y ait sensation. Il ne suffit pas d'être éveillé pour percevoir un son, il faut qu'il en soit produit un dans notre voisinage ; pour percevoir une lumière il faut qu'un rayon lumineux frappe notre rétine ; pour percevoir une saveur il faut qu'un corps sapide soit en contact avec notre langue ; pour percevoir une pression il faut qu'un corps presse sur nous, etc...

Inversement, il ne suffit pas que des actions diverses soient exercées par le milieu sur nos sens pour que nous en ayons conscience, il faut de plus que nous soyons éveillés. Quand nous dormons, nous ne percevons pas les bruits divers qui se produisent dans notre chambre : le tic tac d'une montre, la sonnerie de la pendule, le bruit des voitures roulant dans la rue, le craquement des meubles, la pression exercée sur nous par les couvertures, les odeurs répandues dans l'atmosphère, etc.

Impulsion réagissante. — Pendant le sommeil, la réaction est aussi abolie que la perception. Au réveil, de même que nous éprouvons le besoin de percevoir, nous éprouvons le besoin de réagir, et nous sommes heureux de mettre nos muscles en action.

Différant en cela de la perception, la réaction n'exige pas d'élément objectif pour s'effectuer ; nous n'avons pas besoin du monde extérieur pour allonger le bras. Cependant il faut reconnaître que l'action est plus complète lorsqu'elle s'exerce sur le milieu.

Impulsion coordonnante. — Normalement, pendant le

sommeil, le cerveau ne coordonne pas plus qu'il ne perçoit ou ne réagit. A l'état de veille, au contraire, la coordination est spontanée, mais se fait sans que nous en ayons conscience. Elle n'en existe cependant pas moins, et nous avons autant de plaisir à avoir les idées claires et nettes, la compréhension facile et la répartie vive qu'à percevoir et qu'à agir.

Or, tout cela, c'est de l'activité de coordination.

Seulement, par le fait que des trois modes d'activité vitale celui-ci fut le dernier à se développer dans l'échelle animale, ses manifestations sont les plus faibles. Il n'y a guère que ceux qui ont exercé spécialement leurs facultés coordinatrices, à sentir vivement le plaisir de les mettre en jeu.

Si maintenant nous jetons un regard d'ensemble sur ces trois ordres d'activité, nous éclairerons bien des points obscurs.

L'état de repos complet de l'appareil de relation constitue le sommeil. Mais il arrive souvent que l'une des trois activités, par surmenage ou pour toute autre cause, fonctionne par intermittences alors que les deux autres se reposent. Quand l'activité de coordination fonctionne seule, elle détermine le *rêve*; quand c'est l'activité de réaction, le sommeil est agité et l'on exécute des mouvements quelquefois très violents. Souvent les activités de coordination et de réaction se combinent et, seule, celle de perception est au repos : on ne perçoit rien, mais on coordonne et on agit comme dans l'état de veille (cauchemar, somnambulisme).

D'autres fois au contraire, nous n'agissons ni ne pensons, mais nous ne pouvons dormir, car le moindre bruit nous réveille : c'est la surexcitation de la perception. Ordinairement, il s'y joint une surexcitation de la coordination et la réaction seule repose: impossible de s'endormir et de s'empêcher de penser, bien que restant immobile.

Plus rarement la surexcitation sensorielle se joint à celle de réaction. Dans ce cas le cerveau seul repose car, à peine endormis, des mouvements brusques ou le moindre bruit nous réveillent.

Enfin, ajoutons que la coordination, s'effectuant sur des éléments internes, est la plus rapprochée de la source d'énergie vitale et par conséquent doit être, des trois modes d'activité, celui qu'il est le plus facile de surexciter. C'est en effet ce qui a lieu, car les rêves sont plus fréquents que les insomnies ou les nuits agitées.

Une vive sensation de plaisir se lie quelquefois à un ordre d'impulsions et détermine la surexcitation de celles-ci. C'est ainsi que l'impulsion percevante, quand elle est projetée fortement vers certaines sensations, donne lieu à une foule de sentiments : curiosité, gourmandise, etc...; que l'impulsion réagissante est la cause qui nous pousse à agir pour le plaisir d'agir : lutter, courir, détruire, crier, chanter, c'est-à-dire réagir par toutes les formes musculaires à notre disposition; qu'enfin l'impulsion coordonnante détermine le sentiment constructeur en nous poussant à toutes sortes de combinaisons mentales exécutées souvent sans besoin, pour le seul plaisir de les faire.

DIVISIONS DE LA VIE HUMAINE

La vie humaine se divise en deux parties. Dans la première, qui s'étend de la conception à la naissance, les phénomènes vitaux s'accomplissent sans l'aide de la respiration pulmonaire, qui préside au contraire à la deuxième partie s'étendant de la naissance à la mort.

La vie fœtale se divise elle-même en deux, suivant que la nutrition des cellules de l'embryon se fait directement ou qu'elle exige le concours de la circulation ombilicale.

Enfin la vie ombilicale présente deux stades qui correspondent aux compositions du liquide nourricier amené aux cellules, suivant qu'il consiste en vitellus ou qu'il a subi la transformation sanguine.

Le tableau ci-contre donne une idée d'ensemble de ces différentes activités vitales avec les complications successives qui les caractérisent.

VIE HUMAINE

Pulmonaire — Fœtale ou Prépulmonaire

Préombilicale	Ombilicale	Post-Ombilicale		
Cellulaire	Cellulaire	Cellulaire	NUTRITION	VIE DE NUTRITION
	Vitelline	Sanguine	CIRCULATION	
	Sanguine			
		Pulmonaire et Intestinale	ALIMENTATION	
Cellulaire	Cellulaire	Cellulaire	CELLULAIRE	VIE DE RELATION
	Nerveuse	Nerveuse	NERVEUSE	
	Sens et Muscles	Sens et Muscles	PÉRIPHÉRIQUE	
Cellulaire	Cellulaire	Cellulaire	CELLULAIRE	VIE DE COORDINATION
	Spinale	Spinale	SPINALE	
		Cérébrale	CÉRÉBRALE	

VIE FŒTALE

Dans la première partie de la vie fœtale, qui s'étend de la conception à la formation de l'ombilic, chaque cellule embryonnaire, plongée directement dans le vitellus, y puise les éléments de sa nutrition et y rejette ses résidus. Sa vie de nutrition se trouve ainsi assurée, et ses phénomènes de relation peuvent se manifester en toute liberté.

Il y a là, pour l'embryon, vie aussi simple que possible, vie de relation à deux phases, aussi bien que vie de nutrition à deux phases. La notion d'un être unique nous est seulement donnée par le spectacle de l'activité des cellules dont la multiplication et l'arrangement s'effectuent suivant un ordre visiblement coordonné.

La deuxième partie de la vie fœtale comprend la période qui s'étend de la formation de l'ombilic à la naissance. Elle est caractérisée par une vie de nutrition à quatre phases, la nutrition cellulaire étant facilitée par la circulation.

Cette circulation présente elle-même deux phases, suivant que le liquide circulant est formé de vitellus ou de sang.

La première est de très courte durée dans l'embryon humain. Elle a lieu entre le moment où l'étranglement ombilical a séparé la vésicule ombilicale de la cavité intestinale, et celui où commence la circulation omphalo-mésentérique. Dans cette période, les cellules puisent dans la cavité intestinale les éléments de leur nutrition. Il faut donc que le contenu de cette cavité se renouvelle. C'est ce qui a lieu par échanges avec la vésicule ombilicale qui contient le vitellus rénovateur.

La deuxième comprend la circulation omphalo-mésentérique et la circulation placentaire.

Dans la circulation omphalo-mésentérique, la nutrition des cellules est assurée par le sang. Celui-ci leur est distribué par un système circulatoire, se régénère au contact du vitellus, et est ramené au cœur par un autre système circulatoire, qui se soude là au premier. Or, pour qu'il y ait nutrition des cellules et régénération du sang, il faut que ce dernier circule dans les vaisseaux qui le contiennent. Ce résultat est obtenu par les contractions cardiaques et, très probablement aussi, par les contractions veineuses et artérielles. Au début de la circulation omphalo-mésentérique ces contractions vasculaires sont purement cellulaires, c'est-à-dire que chaque cellule des parois perçoit l'action du sang et réagit sur lui. L'action du sang est nécessaire, puisque tout cœur vide cesse de battre. Il y a donc une action sanguine perçue et liée, dans les cellules cardiaques, à une contraction rythmée caractéristique. Nous nous trouvons ainsi en présence d'un instinct, c'est-à-dire d'une liaison entre une sensation cellulaire (produite par l'action du sang), et une impulsion cellulaire (énergie propre de la cellule), déterminant une habitude cellulaire (contraction rythmée). Rendu à ce stade de développement, tout embryon qui ne serait pas doué de cet instinct ne pourrait vivre, puisque la nutrition des cellules ne s'effectuerait pas. Nous pouvons donc dire, en liant l'organe à la fonction, que le premier instinct élémentaire de la vie humaine est l'*instinct vasculo-circulatoire.*

Dans la circulation placentaire, la nutrition ne se fait plus au détriment du vitellus ; c'est dans le sang de la mère que le jeune être puise les éléments de sa propre circulation. Mais, si les éléments nutritifs n'émanent plus de la même source, les conditions générales de la nutrition n'ont pas changé. Nous sommes toujours en présence d'une vie de nutrition à quatre phases.

Si nous passons à la vie de relation, il n'en est plus de même. La spécialisation nerveuse s'est développée. La contraction cardiaque ne se fait plus par simple action cellulaire ; des cellules sensibles sont spécialement chargées de percevoir l'action du sang, et d'inciter des cellules musculaires à se contracter. Il s'en est suivi une régularisation des contractions et un développement dans leur puissance. Le processus que nous avons étudié pour l'établissement de l'instinct vasculo-circulatoire dans la cellule se répète ici où il s'agit d'une association de cellules différenciées. Les unes perçoivent l'action du sang, d'autres combinent et impulsionnent, les dernières réagissent, mais l'ensemble du tout nous donne la même impression que nous donnait

8

chaque cellule au début de la circulation omphalo-mésentérique, à savoir une liaison constante établie entre une perception et une réaction.

La même division du travail s'est commencée pour les veines et les artères, et au fur et à mesure que le jeune être se forme nous la voyons s'étendre des grosses aux petites. Est-ce à dire toutefois que dans les ultimes ramifications capillaires le système primitif ne persiste pas? Je ne le crois pas, et il est probable que la circulation des plus fins réseaux ne ressort que du pur instinct cellulaire.

Quoi qu'il en soit, nous assistons ici à la formation d'un système, le *système nerveux*, qui n'existe que chez les animaux. Dans beaucoup de végétaux les caractères de sensibilité et de motricité cellulaires se manifestent fréquemment, mais aucun ne présente une spécialisation à ces fonctions d'un groupe de cellules différenciées et formant un système complet.

Les recherches anatomiques ont permis de constater que les nerfs sensibles à la lumière, au son, à l'odeur et à la saveur aboutissent au cerveau, tandis que ceux sensibles à la chaleur, à la pression et à l'électricité aboutissent à la moelle épinière. Or, les seules sensations que peut éprouver le fœtus sont les sensations de pression dont les principales lui sont fournies par la circulation. Il s'ensuit que la seule coordination qu'il effectue, celle entre des pressions et des réactions (instinct vasculo-circulatoire), a son siège dans le rachis.

En résumé, nous constatons que le dernier stade de la vie fœtale est caractérisé par une vie de nutrition à quatre phases où la nutrition cellulaire est facilitée par la circulation sanguine; que celle-ci est actionnée par une vie de relation où domine l'activité nerveuse sans cependant que la pure autonomie cellulaire ait disparu, et qu'une vie de coordination spinale détermine l'instinct vasculo-circulatoire nécessaire à l'existence fœtale.

Si maintenant nous jetons un coup d'œil sur l'ensemble de la vie prépulmonaire, nous voyons:

1° La nutrition être d'abord simplement cellulaire, puis exiger un rudiment de circulation (circulation vitelline), bien que s'effectuant toujours directement au détriment du

vitellus ; puis celui-ci être transformé en sang avant d'être
amené au contact des cellules par un système circulatoire de
plus en plus complexe ; enfin, ce sang fœtal puiser ses éléments nutritifs dans le sang maternel.

2º La circulation, dès qu'elle s'effectue dans un circuit
fermé, exiger la création d'un instinct (vasculo-circulatoire),
ayant pour but de faire contracter les vaisseaux gorgés de
sang. Cette relation, établie entre le milieu intérieur et l'organe enveloppant, est d'abord purement cellulaire, puis se
spécialise dans certaines cellules où les propriétés sensitivo-
contractiles se développent et dont l'ensemble constitue un
système spécial : le système nerveux.

3º La coordination, condition de cet instinct vasculo-
circulatoire, être d'abord simplement cellulaire, puis suivre
la complication des phénomènes, et devenir médullaire, la
moelle épinière était le lieu d'abouchement des cellules sensibles aux sensations de pression avec les neurones de
réaction.

4º La réaction de la vie de relation sur la vie de nutrition
s'effectuer dès que la formation du cycle circulatoire exige
une activité mécanique pour faire circuler le sang (instinct
vasculo-circulatoire).

VIE PULMONAIRE

La vie pulmonaire est celle qui s'écoule de la naissance à
la mort. Elle est caractérisée :

1º Au point de vue de la vie de nutrition, par la superposition de deux nouvelles phases à celles existant déjà
chez le fœtus : l'alimentation vient s'ajouter à la circulation
et à la nutrition cellulaire.

2º Au point de vue de la vie de relation, par un développement énorme de tous ses éléments.

3º Au point de vue de la vie de coordination, par l'adjonction des éléments cérébraux (sens spéciaux) aux éléments
spinaux (sens généraux) existant chez le fœtus.

VIE DE NUTRITION

Deux nouvelles phases viennent faciliter l'exécution des quatre phases déjà existantes, mais en compliquant singulièrement l'activité nécessaire de l'être vivant.

Jusqu'à la naissance, il puisait dans le sang de sa mère tous les éléments nécessaires à la circulation sanguine ; après la naissance, il doit les préparer lui-même. C'est ce qu'il fait par la nutrition pulmonaire et intestinale. Voyons donc comment s'effectuent ces nouveaux actes et quelles obligations en découlent pour lui.

Nous avons à étudier l'incrétion et l'excrétion. La première se subdivise en incrétion pulmonaire et incrétion intestinale.

Incrétion pulmonaire. — La circulation vient puiser les éléments qui sont nécessaires au sang dans les vésicules pulmonaires. Il faut donc que l'air qui y est contenu soit constamment renouvelé. C'est ce renouvellement que la respiration est chargée d'assurer, sous l'action de l'*instinct respiratoire*.

Celui-ci est formé d'une liaison constante établie entre les sensations fournies par l'air inspiré (et peut-être le sang) et une habitude rythmée déterminant la dilatation périodique des bronches.

Incrétion intestinale. — Ici, les éléments nutritifs sont puisés dans le chyme par les villosités intestinales. Il faut donc qu'au contact de celles-ci le bol alimentaire épuisé se renouvelle sans cesse. C'est ce résultat qu'est chargé d'assurer l'*instinct digestif*. Il est formé d'une liaison constante entre certaines sensations et certaines habitudes. Le contact des aliments avec la muqueuse buccale détermine la secrétion de la salive et la contraction de la partie supérieure du tube intestinal dans le sens des lèvres à l'estomac. Le contact des aliments avec la muqueuse stomacale détermine l'occlusion du cardia, l'afflux des sucs gastriques et les mouvements péristaltiques de l'estomac. La sensation d'une alcalinité suffisante du bol alimentaire détermine les contractions nécessaires pour le chasser dans

l'intestin grêle. Son contact avec les parois du duodénum
détermine l'afflux des sucs du foie et du pancréas ainsi que
les mouvements qui le poussent progressivement vers les
autres parties de l'intestin où les villosités y puisent tout ce
qui est assimilable. Il est facile de se rendre compte par ce
rapide exposé de la complexité des habitudes liées aux
sensations de la digestion et de l'extrême importance de
l'instinct qui en résulte.

Excrétion. — L'excrétion a pour but de débarrasser l'organisme des produits de son activité. Les divers sucs gastriques, les résidus respiratoires, ceux de la digestion, l'urine,
la sueur, le graisse doivent être rejetés. Il faut donc qu'il
y ait dans chaque cas liaison entre la sensation de réplétion
et certaines habitudes. C'est en effet ce que nous constatons.
L'expulsion des sucs gastriques s'effectue aussi bien sous
la sensation de réplétion de leurs réservoirs que sous
l'action de l'instinct digestif ; chez l'enfant nouveau-né,
l'accumulation des fèces dans le sac rectal, de même que
l'accumulation de l'urine dans la vessie, déterminent spontâ-
nément la contraction de ces réservoirs ; la sensation de
l'élévation thermique détermine la transpiration ; l'éclate-
ment des glandes sébacées externes et l'expulsion de leurs
débris font partie du processus de leur remplacement.
Dans ces différents cas, la sensation initiale se trouve liée à
des habitudes déterminées et, si nous considérons le phénomène excrétoire dans son ensemble, nous pouvons dire que
l'*instinct excrétoire* est le 4ᵉ instinct nécessité par les conditions mêmes dans lesquelles nous sommes appelés à opérer
la nutrition de notre individu.

En résumé, les instincts *circulatoire, respiratoire, digestif*
et *excrétoire* sont les quatre instincts nécessaires à la vie de
nutrition à six phases, et l'absence de l'un d'eux entraîne
fatalement la destruction de l'organisme humain. La mort
survient dès que le sang ne circule plus, que la respiration est suspendue, que la digestion n'a plus lieu, ou
que l'organisme ne peut plus se débarrasser de ses résidus.
Il faut que ces quatre fonctions s'effectuent normalement
pour que chaque cellule puisse trouver à sa portée les éléments de sa nutrition et se débarrasser des produits de
désassimilation, double condition de son existence.

Iufluence du milieu. — Dans les différents instincts que nous venons d'étudier nous n'avons considéré que l'organisme lui-même, indépendamment du milieu dans lequel il évolue ; nous avons étudié ce qui se passait sous l'action de l'air, des aliments, des excrétions comme si nous avions toujours les uns à notre portee et comme si nous pouvions toujours nous débarrasser des autres. En un mot, nous avons déterminé les conditions *nécessaires* de la vie de nutrition, mais sont-elles *suffisantes ?*

Malheureusement non. Il est nécessaire de pouvoir respirer et digérer, mais il faut, de plus, avoir de l'air à respirer et des aliments à digérer. Il est nécessaire de pouvoir se débarrasser des résidus humains, mais il faut, de plus, que le milieu puisse les recevoir. Les relations entre l'organisme et le milieu s'imposent donc comme second terme dans la recherche des conditions d'existence.

Respirer et ingérer sont nécessaires pour vivre. Pour cela, il nous faut de l'air et des aliments. Il y a donc nécessité pour l'individu de rechercher ces deux produits lorsqu'ils lui manquent.

C'est en effet ce qui a lieu.

1° Le manque d'air détermine chez l'individu une sensation spéciale que l'on appelle sensation d'*anxiété*, très pénible, et liée à une vigoureuse impulsion. Quand nous la ressentons, nous éprouvons un besoin intense de respirer, et si nous ne pouvons y arriver, notre énergie se dépense en tous les moyens propres à atteindre ce but.

2° L'afflux des sucs dans l'estomac lorsqu'il est vide détermine une sensation que nous appelons *faim ;* la sécheresse des papilles de la langue, de la gorge et de l'estomac, détermine une autre sensation que nous appelons *soif.* Faim et soif sont liées à des impulsions énergiques et créent le *sentiment nutritif.* Suivant que ce sentiment nutritif se lie à telles ou telles habitudes, il donne lieu à tel ou tel *instinct nutritif.* Ainsi, chez le jeune enfant, l'impulsion due à la faim est liée à la contraction rythmée du tube digestif, puis, si cette contraction ne détermine pas un soulagement, l'excitation grandit et l'enfant pleure et s'agite. Quand il sait parler, sous la même impulsion il demande à manger et, au lieu de sucer, il mastique ses aliments : il y a donc eu changement dans les habitudes et constitution d'un nouvel instinct nutritif.

Enfin, quand l'individu est adulte, il sait refréner les excitations de la faim, et celle-ci ne détermine plus en lui que des actes rigoureusement déterminés. Il s'est donc produit une troisième transformation de l'instinct nutritif. Le premier élément (sensation) est toujours le même, le second (habitudes) seul varie.

Étudions maintenant l'influence du milieu sur l'instinct excrétoire. L'expulsion de l'urine et des fécès s'effectue spontanément, au début de la vie, dès que la vessie ou le rectum éprouvent la sensation d'une suffisante tension. La liaison entre la sensation et l'habitude est nettement caractérisée. Mais, sous l'influence de l'éducation, d'autres sensations s'ajoutent à la première. La sensation de la correction infligée par la nourrice se lie à l'acte de l'expulsion et pousse à le suspendre. Dès lors, toute sensation de réplétion rappelle cette nouvelle liaison et lance l'impulsion dans deux voies opposées, l'une poussant à se débarrasser, l'autre à se retenir. Fréquemment renouvelée, la seconde gagne en énergie, et finit par devenir plus forte que la première. A partir de ce moment, l'enfant devient maître de lui et ne donne cours à ses besoins naturels qu'aux moments où il lui convient de le faire. Il y a eu modification des sensations, puisque de nouvelles se sont liées à la première, et des habitudes, puisque celles-ci ont été modifiées.

En résumé, si nous jetons un regard d'ensemble sur nos rapports avec le milieu, nous voyons :

1° Que l'instinct nutritif (anxiété respiratoire, faim, soif) doit exister chez l'individu pour le pousser à rechercher les aliments qui lui manquent.

2° Qu'un instinct est d'autant plus modifiable et soumis à notre volonté qu'il s'exerce plus près de la surface de séparation entre l'individu et le milieu, et qu'aux points principaux de cette séparation (bouche, bronches, vessie, rectum) l'influence de la volonté (traduisant celle du milieu) domine celle de l'organisme.

L'*instinct circulatoire* assure la nutrition cellulaire; l'*instinct respiratoire*, l'*instinct digestif* et l'*instinct excrétoire*, assurent la rénovation sanguine ; enfin *l'instinct nutritif* excite l'individu à rechercher les éléments qui sont nécessaires à son organisme. Ce sont là les fonctions primordiales de tout organisme humain, celles qui assurent sa rénovation matérielle.

VIE DE RELATION

Théoriquement, l'activité humaine pourrait être quelconque. Il en serait ainsi si nous n'étions pas obligés, pour entretenir notre existence, d'exécuter certains actes. Mais, par suite des conditions dans lesquelles nous vivons, nous sommes dans l'étroite obligation d'assurer la nutrition de notre organisme, l'intégrité de notre individu, la reproduction de l'espèce. Par le seul fait que nous vivons, il est prouvé que nos ancêtres ont satisfait suffisamment à ces trois conditions, que nous-mêmes nous avons satisfait jusqu'à ce jour aux deux premières et, si nous voulons conserver l'espèce à laquelle nous appartenons, nous sommes dans l'obligation de satisfaire tôt ou tard à la troisième.

Ces trois obligations fondamentales déterminent notre activité, qui pourrait à la rigueur s'y limiter. Nous pouvons les classer comme suit :

Nutrition — *Entretien*
Intégrité — *Défense* } *de l'individu.*

Reproduction — *Continuité* — de l'espèce.

Mais la reproduction est une fonction double. Dans certaines espèces inférieures, l'acte sexuel est seul nécessaire, les petits étant aptes à assurer leur existence dès leur naissance. C'est ce qui a lieu chez tous les végétaux et dans l'échelle animale jusqu'aux oiseaux. A partir de ceux-ci, le développement des petits ne peut se faire qu'avec l'aide des parents, car ils se trouvent dans l'impossibilité, pendant un laps de temps qui varie avec chaque espèce, d'assurer seuls leur existence. Dans ces conditions, la fonction chargée d'assurer la conservation de l'espèce se divise en deux parties : d'abord produire les petits, ensuite assurer leur existence jusqu'à ce qu'ils soient en mesure de l'assurer eux-mêmes. A mesure que nous gravissons l'échelle des êtres nous trouvons cette dernière fonction de plus en plus développée et c'est dans l'espèce humaine qu'elle atteint son apogée, car le produit humain est celui qui met le plus de temps à acquérir les qualités nécessaires pour assurer sa propre existence.

Chacune de ces quatre conditions doit être source d'impulsion, sous peine pour l'espèce de disparaître. Nous avons donc quatre sentiments élémentaires, qui sont les sentiments nutritif, défensif, sexuel et maternel.

Mais comme ces sentiments sont dans la plupart des cas liés à des habitudes particulières, il y a formation d'instincts et c'est ainsi qu'on les désigne généralement. Ce sont les instincts nutritif, défensif, sexuel et maternel. C'est sous cette forme qu'ils sont communément connus, et avec raison, car lorsque nous en parlons, nous les considérons tels qu'ils sont en réalité, tel que nous les trouvons presque constamment formés.

Instinct nutritif. — Nous avons vu, en étudiant la vie de nutrition, que l'instinct nutritif était le cinquième d'une série qui a pour but d'assurer, en dernière analyse, la nutrition cellulaire ; qu'il nous suffise donc de rappeler qu'il n'est que le dernier des cinq instincts circulatoire, respiratoire, digestif, excrétoire et nutritif. Seulement, comme il est le seul qui donne lieu à une activité voulue, les quatre premiers sont généralement sous-entendus, et quand on dit que l'instinct nutritif est celui chargé de la nutrition de l'individu, on n'a en vue que la partie volontaire de cet instinct, en considérant comme établies une fois pour toutes les activités subséquentes de nutrition interne.

Or, nous avons fait de la partie modifiable de l'instinct nutritif, à savoir des habitudes successives qui le constituent, une étude suffisamment explicite pour qu'il ne soit pas nécessaire d'y revenir.

Instinct défensif. — La douleur est la sensation qui avertit des atteintes portées à l'intégrité de l'individu. Celui qui ne réagirait pas serait bientôt détruit. Il faut donc que toute sensation douloureuse soit source d'impulsion.

C'est ce qui a lieu, et dès le berceau nous trouvons les

sensations douloureuses liées aux plus énergiques réactions. Le *sentiment défensif*, c'est-à-dire la liaison « douleur-réaction vague », est inné chez l'homme. Est-il lié à une habitude particulière de façon à former un *instinct défensif?* Partiellement oui, car la douleur détermine une impulsion vers l'appareil vocal pendant tout le cours de l'existence. Il est du reste intéressant de suivre les variations de ces deux coordinations.

A la naissance, le sentiment défensif actionne d'abord l'appareil vocal puis l'appareil musculaire. Quand l'enfant souffre, il crie et il s'agite. Mais, dans les deux cas, l'activité est commune à toutes les parties des appareils mis en mouvement ; les cris sont quelconques, les mouvements désordonnés. Quand l'enfant grandit, des habitudes se créent ; il dit bobo et de la main il indique où il souffre. A ce moment l'activité déterminée par le sentiment défensif se localise aux muscles qui font dire bobo et à ceux qui dirigent la main vers la partie malade. Nous avons ainsi une première forme de l'instinct défensif. Plus tard, quand l'enfant sait parler couramment, il modifie ces habitudes ; au lieu de dire bobo, il indique d'une façon plus précise ce qui le fait souffrir et le secours de la main ne lui est plus nécessaire pour indiquer l'endroit d'où part la souffrance.

De même, quand un enfant est jeune et qu'il tombe, l'instinct défensif ne le pousse qu'à pleurer. Que de peine n'a pas sa mère à lui apprendre qu'au lieu de rester étendu à terre il doit se relever et venir la trouver ! Mais revoyez-le un an après ; s'il tombe, le nouvel instinct défensif le pousse aussitôt à se relever et à aller se réfugier auprès d'elle.

Sous l'influence de l'éducation, les pleurs ne se produisent plus que dans les cas graves et finissent même par disparaître.

Chez l'adulte, à chaque douleur correspond une activité qui se modifie suivant les conditions du milieu, variant ainsi presque chaque fois. Il s'ensuit que les habitudes tendent de moins en moins à se prendre et que l'instinct n'existe que dans les cas les plus simples (brûlures, piqûres, pincements). Il serait facile cependant de faire voir que, même dans ce dernier cas, chaque mouvement est un produit d'éducation et a été acquis à un âge plus ou moins avancé.

En résumé, nous voyons que les habitudes de l'instinct défensif varient avec les âges. Etudions maintenant les sensations qui le déterminent.

La douleur fait généralement partie d'un ensemble de sensations simultanées et successives. C'est, par exemple, la bougie qui me brûle et qui, en plus de la sensation brûlure, me donne des sensations lumineuses si je la regarde, de pression si je la touche. Or, nous savons que notre cerveau les lie spontanément. Ces liaisons se renforcent à chaque répétition du fait qui les cause et dès que j'aperçois la flamme d'une bougie, cette image éveille le souvenir de celles antérieurement perçues et avec lui ceux qui y sont liés, particulièrement celui de brûlure. Or, nous savons que ce dernier, quand il est rappelé, détermine une impulsion vers certaines habitudes défensives, aussi est-ce ce qui se produit aussitôt. Ajoutons que, dans les conditions présentes, comme il ne s'agit que du rappel de souvenirs et que ceux-ci diffèrent des sensations par une intensité moindre, il y a impulsion défensive moins forte que si elle était causée par une brûlure.

Nous pouvons dire de l'instinct défensif tout entier que les sensations et les habitudes qui le constituent varient suivant les âges et suivant les milieux.

Instinct sexuel. — La race humaine ne peut se perpétuer qu'à l'aide de la reproduction. Il faut donc qu'un instinct assure l'accomplissement des actes par lesquels celle-ci s'effectue : c'est l'*instinct sexuel.*

Les sensations qui sont à son origine ne diffèrent des autres qu'en ce que, aux parties du corps où elles sont ressenties, il y a une sensibilité beaucoup plus grande que partout ailleurs, ce qui fait que toute congestion sanguine ou toute pléthore séminale y détermine une sensation spéciale, vague et indéterminée, mais néanmoins très intense. Or, à cette sensation est liée l'impulsion sous l'empire de laquelle sont effectués les actes jugés les plus propres à la modifier et qui, normalement, tendent à perpétuer l'espèce. Puis, à cette sensation primitive se joignent un certain nombre d'autres, et il serait facile de faire la genèse de cet accroissement. Nous verrions comment la liaison des sensations qui sont à l'origine avec un nombre énorme de nouvelles finit par renverser les rôles et par rendre l'action de ces dernières prépondérante, bien que les premières conservent toujours une certaine influence.

Si nous étudions maintenant les habitudes qui constituent la deuxième partie de l'instinct sexuel, nous voyons que dans l'espèce humaine elles ne s'acquièrent que fort tard et semblent rien moins qu'innées.

Si au contraire nous observons les races animales même les plus rapprochées de nous, il semble que l'instinct sexuel est formé dès la naissance, chez le chien, par exemple. Or, il n'y a là rien d'anormal. Nous savons qu'un instinct est d'autant mieux formé que les habitudes qui le constituent varient moins, car chaque répétition ne fait que renforcer les liaisons enregistrées dans le souvenir. C'est ce qui a lieu pour le chien, où les actes se succèdent toujours semblables. Dans l'espèce humaine au contraire, des considérations multiples ont empêché des habitudes régulières de s'établir ; il ne faut donc pas s'étonner si nous n'héritons que de sentiments, c'est-à-dire d'impulsions vagues et non d'habitudes.

En résumé, l'instinct sexuel est formé de sensations et d'habitudes variables. On peut donc dire qu'il varie suivant les âges et les milieux.

Instinct maternel. — Subvenir aux besoins des enfants jusqu'à ce qu'ils soient en mesure d'assurer eux-mêmes leur existence est la condition imposée pour la conservation de l'espèce par les nécessités de la vie.

Puisque notre espèce s'est perpétuée, il a fallu que les sensations déterminées par les enfants soient sources d'impulsions et que celles-ci aient pour but de faire exécuter les actes nécessités par leur sécurité. Or, cette sollicitude ne devient nécessaire qu'au moment où l'enfant a rompu toute attache matérielle avec sa mère, et elle doit être prolongée fort au delà de celui où l'allaitement avait constitué comme un second lien. Il s'ensuit que les sensations élémentaires du sentiment maternel sont fournies par le monde extérieur, et comme ce sentiment est spontané, on peut affirmer d'une façon à peu près certaine que l'image de l'enfant vient éveiller chez la mère un souvenir préexistant, à elle transmis par hérédité, et auquel est lié une impulsion énergique.

Il faut de plus observer que si, dans la race humaine, l'état de gestation ne détermine aucune activité particulière, il n'en est pas de même chez les oiseaux, où il est lié à des actes compliqués, tels que la construction du nid par exemple. Il y a là pour nous un renseignement qu'il importe de ne pas négliger et qui nous prouve que la gestation agit profondément sur l'instinct maternel.

Quoi qu'il en soit des origines lointaines de celui-ci, nous le voyons, dans notre espèce, se manifester à la naissance et suivre l'enfant fort loin. Si, avant la délivrance, l'état spécial de la mère détermine des sensations liées à une impulsion, constituant ainsi l'élément primitif du sentiment maternel, à la naissance il se superpose au souvenir de cet état antérieur l'image synthétique de l'enfant, en même temps que se manifeste un très grand accroissement d'énergie dans les impulsions.

Ce qui constitue la caractéristique du sentiment maternel, ce qui l'élève infiniment au-dessus des autres que nous venons d'étudier, c'est que l'activité qu'il détermine a pour but un être qui nous est extérieur. Notre propre satisfaction consiste simplement en la perception des effets agréables que produit notre activité dans celui pour qui nous nous dévouons. En un mot, notre bonheur réside en la perception de celui d'autrui.

Si je parle du sentiment maternel en nous associant tous à l'étude des émotions dont il est cause, c'est qu'il est au fond la base de l'*altruisme*, c'est que c'en est la première manifestation, celle qui nous est commune avec les animaux supérieurs. Que le dévouement s'applique à un enfant ou à plusieurs, qu'il s'étende à la famille, à la patrie ou à l'humanité tout entière, le mécanisme de sa formation, de son développement et de son fonctionnement est toujours le même ; partout il s'agit d'actions exécutées dans l'intérêt d'un ou de plusieurs êtres extérieurs à nous. C'est cette extériorisation du but de notre activité qui distingue nettement ce sentiment des autres.

Mais, comme les sensations qui sont à sa base ne nous

sont point fournies par notre propre nature, comme la faim, la douleur ou la sexualité, sa formation et son développement, dépendent des connaissances que nos sens nous fournissent sur le monde extérieur, d'abord pour connaître l'objet de notre affection, ensuite pour déterminer ce qu'il attend de nous, puis pour exécuter ce que nous croyons devoir être fait, et enfin pour nous assurer que le but poursuivi a été atteint.

Si nous jetons un coup d'œil d'ensemble sur les quatre instincts que nous venons d'étudier, nous constatons que la connaissance du monde extérieur y joue un rôle dont l'importance s'accroît progresssivement. Nulle pendant la vie prépulmonaire, l'introduction, à la naissance, de la respiration et de l'alimentation exige une connaissance suffisante du milieu pour y trouver les éléments de notre rénovation ; la douleur exige une connaissance suffisante de ses causes pour les faire disparaître ; la sexualité exige le concours d'un être extérieur d'où nécessité de le percevoir et d'agir sur lui ; enfin l'instinct maternel exige même que nous comprenions ce qu'éprouvent un ou plusieurs être extérieurs à nous et que nous déterminions les actes à accomplir pour les modifier au mieux de leurs intérêts. Nous voyons par là quelle immense part est dévolue à notre intelligence dans la conduite de notre existence et combien importante est la connaissance des résultats de son activité, puisqu'ils servent à nous diriger dans presque tous les actes de notre vie.

VIE DE COORDINATION

Considérée dans son ensemble la coordination comprend : 1° les liaisons entre sensations ; 2° les liaisons entre réactions ; 3° les liaisons entre sensations et réactions. Elle exige donc la connaissance des sensations et des réactions pour être effectuée fructueusement.

D'autre part, nous n'avons conscience des réactions que

de deux façons : 1° par la sensation subjective de l'effort qui est à leur base ; 2° par les sensations objectives que nous fournit leur action, soit sur le monde extérieur, soit sur nous-mêmes.

Nous voyons dès lors que l'étude de la coordination repose sur celle des sensations, tant subjectives qu'objectives.

Il est de plus une considération dont nous devons tenir compte. C'est que nos sensations réagissent les unes sur les autres et qu'il est nécessaire de ne les étudier que successivement, sous peine de ne pouvoir saisir d'une façon sufsamment claire les conditions de leur liaison, vu leur nombre et leur complexité. Nous étudierons donc d'abord les résultats mentaux produits par une sensation, puis nous y superposerons ceux produits par une seconde, par une troisième et ainsi de suite.

Cette décision nous oblige à déterminer l'ordre dans lequel nous devons classer les sensations pour cette étude. Nous commencerons par la sensation d'effort, puisque sans elle nous ne percevons rien des autres. Nous continuerons par les trois sensations générales de pression, de température et d'électricité, puis par les deux sensations spéciales d'odeur et de saveur qui sont liées directement aux fonctions de la vie de nutrition. Nous terminerons enfin par les sensations sonores et visuelles qui ne réagissent qu'indirectement sur les fonctions qui assurent notre existence.

Nous ne déterminerons là que la mentalité spontanée. L'étude de la mentalité systématique ne pourra être faite que lorsque nous saurons au juste quels sont les éléments que nous avons à modifier, c'est-à-dire quelle est la mentalité spontanée qu'il s'agit d'améliorer.

A chaque sensation, nous étudierons : 1° les conceptions qui lui sont propres; 2° les améliorations qu'elle permet d'apporter aux conceptions antérieures, 3° les conceptions nouvelles qu'elle détermine par son adjonction aux résultats déjà acquis.

Nous verrons ainsi se développer et se perfectionner nos conceptions au fur et à mesure que les éléments fournis par les sens se multiplieront.

MENTALITÉ SPONTANÉE

EFFORTS

Tout individu est source d'énergie.

Cette énergie se manifeste par des impulsions vers les trois seuls procédés qui sont à sa disposition : les sensations, les réactions et les souvenirs. La conscience de ces trois genres différents d'impulsion s'appelle *effort*.

En d'autres termes, la sensation d'*effort* est celle fournie par notre énergie interne lorsqu'elle entre en activité.

Cependant, il est des activités que nous ne percevons pas. Les instincts circulatoire, respiratoire, digestif et excrétoire ne sont pas perçus. Ils sont cependant, eux aussi, des manifestations de l'activité vitale.

Mais si nous les comparons aux efforts que nous percevons, nous constatons qu'à la différence de ceux-ci, ils ne se manifestent pas dans le système nerveux central. Ce sont des instincts dont les neurones d'association ne font pas partie du système céphalo-rachidien. Tous les efforts que nous percevons, au contraire, appartiennent au système nerveux central.

Est-ce à dire que nous percevions toutes les manifestations du cerveau ou du rachis ? nullement. Il est une foule d'instincts, de sensations que nous ne percevons pas et qui appartiennent à ce système. Telle la coordination des efforts pour la marche, la parole, la mastication, l'écriture, etc... Mais si, par un effort d'attention, nous cherchons à les percevoir, nous y arrivons, tandis que nous ne pouvons jamais percevoir directement les efforts de la circulation, de la digestion, de la respiration, de l'excrétion. En un mot si nous ne percevons pas toutes les activités de l'axe cérébro-spinal, toutes celles que nous percevons en font partie.

Nous venons de voir qu'un grand nombre d'activités coordonnées de l'axe cérébro-spinal ne sont pas perçues. Nous pouvons étendre cette observation aux sensations subjectives d'effort musculaire, de plaisir et de douleur, quand elles se produisent seules, et dire qu'elles ne sont perçues que s'il y a en même temps impulsion vers les sensations objectives. En effet, nous ne percevons pas les mouvements que nous effectuons pendant notre sommeil, et, s'il est agité, quand nous nous réveillons, nous nous trouvons quelquefois dans les positions les plus bizarres sans avoir eu conscience des mouvements qui nous y ont amenés, ni des efforts qui ont déterminé ces mouvements et qui durent parfois être considérables.

A quoi donc est lié l'état de conscience? Que veut dire être conscient? Nous venons de voir que l'activité de réaction n'est perçue que quand il y a aussi impulsion vers les sensations objectives. C'est cette dernière activité, c'est-à-dire l'activité de perception, que nous appelons *veille*.

Quand il y a effort de nôtre énergie interne vers les sensations objectives, nous sommes *éveillés*. L'état de *veille*, c'est la perception d'un effort constant vers nos sens.

Quand nous nous éveillons, nous avons la perception que nos sens sont tendus et que nous sommes prêts à percevoir toute sensation passant à notre portée. S'il fait nuit, nous avons le sentiment très net que nous pourrions percevoir toute lumière se manifestant dans notre champ visuel. De même pour les odeurs, les sons, les saveurs, les températures. C'est cette perception d'un effort continu vers les sens que nous appelons *être éveillés*.

L'impulsion vers les perceptions seules suffit pour être éveillé. C'est l'état dans lequel se trouve un nouveau-né chez qui les souvenirs n'existent pas encore. C'est l'état d'éveil de ceux chez lesquels une maladie, ou un traumatisme quelconque, a détruit la mémoire.

Cependant, à l'état normal, l'impulsion vers les souvenirs se joint toujours à l'impulsion vers les sensations pour constituer l'état de pleine *conscience*.

Nous sommes aussi conscients de cet effort vers les souvenirs que de celui vers les sens. La synthèse de souvenirs qui constitue la notion du *moi*, étant la plus importante de nos constructions mentales, surgit immédiatement, et tout le reste s'y subordonne. Quand nous nous éveillons, surtout s'il fait nuit, nous avons parfaitement conscience que nos souvenirs ne sont évoqués que progressivement et qu'il s'écoule un temps appréciable avant que nous ayons la pleine notion de notre individu, du milieu où nous nous trouvons et des derniers actes effectués avant de nous endormir, notion indépendante de toute sensation nouvelle et qui tient donc bien à l'afflux de notre énergie vitale dans les organes dont l'activité est la *mémoire*.

Certes, l'activité des souvenirs a lieu souvent seule : c'est le *rêve*, mais nous voyons alors combien nécessaire est l'impulsion vers les sens pour contenir dans les limites de la réalité les multiples combinaisons entre souvenirs qui s'effectuent dans ce cas.

En résumé, nous voyons : 1° que la non-activité de l'énergie vitale dans le système nerveux central, c'est le *sommeil*.

2° Que l'impulsion continue de l'énergie vitale vers les sensations seules se perçoit : c'est la *veille*.

3° Que l'impulsion de l'énergie vitale vers les souvenirs seuls se perçoit : c'est le *rêve*.

4° Que l'impulsion de l'énergie vitale vers les réactions seules ne se perçoit pas.

5° Que l'impulsion de l'énergie vitale vers les sensations et les souvenirs est l'*état conscient* ou *conscience*.

Voici donc l'individu éveillé et conscient. Voyons comment se peuple son entendement.

La première notion qui s'y impose est celle de son énergie vitale, puisque c'est la seule sensation que nous percevions sans le concours du milieu.

Nous savons : 1° Que les organes où se manifeste l'impulsion vitale sont (*a*) les organes des sens, (*b*) ceux de la mémoire et (*c*) les muscles ; 2° Que l'*état conscient* est déterminé par une impulsion continue de notre énergie vitale vers les organes des sens et vers ceux de la mémoire. Dans ce dernier état, nous percevons toute modification quelconque dans nos impulsions.

1º Quand nous augmentons volontairement la tension constante de l'énergie vitale vers un ou plusieurs sens nous en avons nettement conscience : c'est l'*attention*. Nous déterminons par là un état de tension active nettement distinct de l'état de tension passive qui constitue la veille. Ces deux états sont caractérisés par le langage : Regarder est plus que voir, écouter est plus qu'entendre, flairer est plus que sentir.

2º Cet accroissement de tension est un *effort*. Or, un *effort* est une *impulsion volontaire*. Aussi pouvons-nous dire que l'impulsion volontaire de l'énergie vitale vers les sens s'appelle *attention* ou *effort de perception*. Si elle a lieu vers les souvenirs, c'est un *effort de mémoire*. Enfin, si elle a lieu vers les muscles, c'est un *effort musculaire*.

Attention et *effort* sont donc les deux noms donnés aux manifestations des impulsions volontaires.

La première notion que celles-ci nous donnent est celle de leur *intensité*, notion qui entraîne celle de *comparaison*. En effet, si toutes nos impulsions étaient d'une intensité uniforme, la notion d'intensité n'existerait pas. C'est le premier caractère par lequel les impulsions diffèrent les unes des autres. Nous n'en avons donc la notion qu'en *comparant* l'une à l'autre au moins deux impulsions dissemblables.

La comparaison d'intensité s'effectue entre toutes les impulsions simultanées. C'est ainsi que nous comparons facilement l'intensité de deux efforts musculaires simultanés ; de même nous avons la notion nette de l'attention plus grande que nous mettons dans certains cas à voir qu'à écouter. Par contre, il ne semble pas que nous puissions effectuer simultanément plusieurs efforts de mémoire, et si nous examinons les cas où le fait semble cependant se produire, nous constatons qu'en réalité nous passons avec une rapidité extrême d'un effort à l'autre et qu'ils ne sont pas simultanés. Mais l'effort cérébral peut coexister avec des efforts musculaires et de perception. Il est d'observation courante que nous marchons souvent en pensant à toute autre chose qu'à ce que nous faisons et qu'à ce que nous regardons. Or, la comparaison entre l'intensité de ces trois modes d'activité est facile à faire, et si elle ne donne pas de résultats précis, ceux-ci n'en sont pas moins très certains. Si nous ne pouvons pas dire de combien l'intensité de nos réflexions dépasse l'intensité de l'effort que nous faisons en marchant, nous pouvons néanmoins, lorsque les intensités diffèrent beaucoup, dire avec certitude si l'effort de mémoire est plus ou moins intense que l'effort musculaire. Quand nous regardons attentivement quelque chose en effectuant un travail manuel quelconque, nous constatons très bien laquelle de ces deux activités exige le plus d'énergie. Il y a donc possibilité de mesurer l'énergie dépensée dans le travail mental ou dans l'observation, puisqu'elle peut être comparée à celle dépensée dans les efforts musculaires. Et l'on comprend pourquoi on sort brisé d'une galerie de tableaux où l'on vient de passer deux heures l'œil tendu. On n'a qu'à se représenter l'état dans lequel on serait si on avait dépensé la même énergie à effectuer un travail musculaire pendant le même temps. Il en est de même si l'on considère le travail musculaire considérable qu'on aurait effectué en y consacrant la même somme d'énergie que celle dépensée à la recherche d'un problème ou à une rédaction laborieuse. Dans les trois cas il y a, d'une part, des organes qui ont fonctionné, œil, muscle ou cerveau, et dont la fatigue dépend de ces organes même, et, d'autre part, une énergie vitale, issue d'une source commune, et dont les manifestations sont comparables entre elles.

Le deuxième caractère par lequel les impulsions diffèrent les unes des autres est leur *durée*. Les efforts durent plus ou moins longtemps.

La durée est la base de la notion de *temps*. « Le temps est la mesure de la durée des choses », dit Larousse. Le *temps* n'est en fait qu'une *durée indéfinie*. C'est par la notion de durées de plus en plus longues que nous sommes amenés à la conception d'une durée tellement longue qu'elle est indéfinie, c'est-à-dire qu'elle ne peut être définie, qu'on n'en peut percevoir les limites : c'est le temps.

La durée implique, comme l'intensité, la *comparaison*. Elle introduit, de plus, les notions de *commencement* et de *fin.* Enfin toute durée qui a un commencement et une fin es une durée *définie.* Par contre, quand nous ne pouvons percevoir qu'une de ces *limites,* ou même ni l'une ni l'autre, la durée est dite *indéfinie.*

Arrêtons-nous un instant sur ce processus mental. La notion de *durée* poussée à ses dernières limites donne naissance à la notion de *temps,* c'est-à-dire de durée indéfinie. Par réaction, cette notion de temps sert ensuite de mesure aux différentes durées qui s'y inscrivent. D'où les expressions de « dure peu de temps, beaucoup de temps, presque pas de temps ».

Quand la comparaison se fait entre deux durées, elle est ramenée à celle avec l'*étalon* temps : dure plus de temps, moins de temps, beaucoup plus de temps, beaucoup moins de temps, autant de temps, un temps égal. Nous voyons ainsi l'introduction spontanée dans la mentalité humaine du procédé de comparaison à l'aide d'une commune mesure.

Les durées d'impulsions sont comparables entre elles, quelles que soient ces impulsions. Un effort de mémoire dure plus ou moins de temps que l'attention que nous mettons à observer telle ou telle chose, ou que l'effort que nous coûte tel ou tel travail musculaire.

La comparaison entre les durées ne donne des résultats précis que lorsqu'elle s'effectue entre des impulsions simultanées et égales, c'est-à-dire commençant ensemble et finissant ensemble. Dans tous les autres cas, les résultats peuvent être certains, mais sont toujours imprécis. Quand les durées commencent ensemble et finissent l'une après l'autre, nous savons avec la plus grande certitude laquelle a duré le plus de temps, mais nous ne pouvons préciser de combien elle surpasse l'autre. Quand la comparaison se fait entre des durées successives, elle est très imparfaite, car nous ne pouvons alors comparer une durée présente qu'avec le souvenir d'une durée antérieure.

La comparaison entre des durées simultanées introduit la notion de *précision,* que ne comportait pas la comparaison entre les intensités qui ne donnait que des résultats plus ou moins certains.

Le troisième caractère par lequel les impulsions diffèrent

les unes des autres est le *nombre*. C'est un caractère de collectivité, car les groupes seuls diffèrent en nombre.

La notion de nombre implique la comparaison, car les nombres sont *égaux* ou *inégaux*. Mais leur principal caractère est une grande précision, ce qui a introduit dans notre entendement un nouveau procédé : le *classement*. Les nombres étant précis, chaque groupe est classé d'après sa grandeur relative et l'ensemble donne une échelle.

Quand les groupes sont gros on les compare directement et le résultat est forcément imprécis quoique certain, mais quand ils sont de peu d'importance on se sert spontanément de l'étalon *unité;* on trouve que ce groupe-ci, par exemple, est plus important que celui-là, car il a *trois unités* alors que l'autre n'en a que *deux*.

En résumé, nous voyons que les notions explicitement introduites dans l'entendement humain par la seule perception des efforts, sont celles de *sommeil, veille, conscience, rêve, attention, effort, intensité, certitude, durée, temps, commencement, fin, défini, indéfini, précision, nombre, égalité, inégalité, plus, moins, manque, unité ;* et que les procédés qu'il emploie implicitement sont ceux de *comparaison*, de *classement* et d'*établissement d'un étalon*.

PRESSIONS

Après le sens de l'impulsion vitale, le sens le plus étendu est celui de la pression, puisqu'il s'étend à toute notre surface cutanée et, dans un grand nombre de cas, à l'intérieur de nos tissus. De plus, il nous fournit constamment deux séries de sensations. Nous savons que nous sommes constamment soumis à la pression de l'air extérieur. De plus, par les conditions mêmes de notre existence, notre corps repose toujours par quelque partie de sa surface sur une substance solide qui nous empêche de tomber. Il y a donc bien là deux séries de sensations qui s'imposent à nous dès que nous sommes conscients.

La pression de l'air est tellement continue que nous ne savons pas ce que serait sa non-perception, puisque toutes les parties de notre corps y sont constamment soumises. Aussi, quand nous croyons percevoir une pression quelconque, c'est en réalité une comparaison entre la pression de l'air et cette pression nouvelle qui s'établit.

D'un autre côté, comme nous reposons toujours sur des corps dont la réaction sur notre épiderme égale la pression que, de par notre poids, nous exerçons sur eux, il se fait une comparaison constante dans notre entendement entre cette réaction et la pression de l'air.

Le premier caractère qui distingue les pressions les unes des autres est leur différence d'intensité. Mais comme il s'agit actuellement des pressions passivement subies, nous nous rendons facilement compte de leur peu de précision. Leur comparaison donne des résultats certains quand les intensités diffèrent beaucoup, très incertains au contraire quand elles sont à peu près égales, et dans les deux cas extrêmement imprécis.

Cependant les pressions, passivement perçues, nous donnent une première division du monde extérieur en *solides* et *fluides*. Par suite de l'irrégularité de forme de nos surfaces tactiles, un corps solide presse toujours en quelques points de la surface avec laquelle il est en contact beaucoup plus que sur les autres. Il faudrait, pour qu'il en soit autrement, qu'il épousât exactement la forme de notre corps, ce qui ne se trouve jamais. Au contraire, un fluide (air ou eau) se moule sur nous, et nous percevons une pression uniforme sur tous les points de la surface pressée. Il s'établit donc spontanément dans notre esprit une première division entre ces deux genres d'intensités, et nous appelons *solides* les pressions à intensités inégales, et *fluides* celles à intensité uniforme.

Le deuxième caractère qui distingue les pressions les unes des autres est leur *durée*. Il est aussi imprécis que dans les efforts et fournit les mêmes notions.

Le troisième caractère qui distingue les pressions les unes des autres est leur *nombre*. De même que pour la durée, les pressions ne fournissent là aucune notion nouvelle.

Le quatrième caractère qui distingue les pressions les

unes des autres est leur *étendue*. Cette notion résulte de ce que la surface sensible perçoit simultanément des pressions d'intensités différentes. Or chacune de ces intensités diffère des autres en *étendue*. C'est donc bien une notion nouvelle introduite dans notre entendement.

L'étendue donne naissance aux notions de *limites* de l'étendue, de *point*, c'est-à-dire d'étendue aussi réduite que possible, de *ligne courbe*, d'étendue *concave*, d'étendue *convexe*, d'*angle*. Mais toutes ces notions expérimentales sont fort confuses vu l'irrégularité de forme de nos surfaces sensibles et l'irrégularité de répartition des papilles nerveuses sensibles. Aussi la plupart de ces notions ne nous sont-elles données avec un peu de précision que par certaines surfaces mieux applanies ou mieux innervées que les autres.

Il est facile de se rendre compte que la comparaison entre l'étendue des surfaces simultanément mais inégalement pressées est très difficile à faire et ne donne de résultats certains qu'entre de très larges limites. Il en est de même pour la comparaison entre l'étendue d'une pression et le souvenir de l'étendue d'une pression antérieure. Seule la comparaison entre l'étendue de deux pressions qui se succèdent immédiatement l'une à l'autre aux mêmes en droits donne des résultats précis.

Quand une pression se déplace sur notre surface tactile, une notion nouvelle surgit dans notre entendement, c'est celle du *mouvement*. Comme nous le voyons, c'est une conséquence de l'étendue. C'est en somme une liaison entre des positions successives de sensations semblables.

Le mouvement introduit la notion de sa *rapidité*, de sa *régularité*. Mais ici, comme pour les surfaces, les notions sont fort confuses. La comparaison entre les différents mouvements simultanés donne seule des résultats précis. Quand elle a lieu entre des mouvements successifs, elle est d'autant plus vague que les mouvements comparés ont lieu plus longtemps l'un après l'autre.

En résumé, nous voyons que la pression, considérée comme agissant seule, nous donne la notion de son *intensité*, de sa *durée*, de son *nombre*, de son *étendue*, de ses *limites*; de son *mouvement* de *rapidité*, de *régularité*; d'une première classification des pressions en *solides* et *fluides*;

de points; de lignes droites, courbes, angulaires, concaves, convexes.

COMBINAISON DES EFFORTS
ET DES PRESSIONS

Quand nous faisons un effort musculaire, quatre cas se présentent: nous percevons de plus une pression, un frottement, un mouvement, ou nous ne percevons que lui.

Quand, en faisant un effort musculaire, nous percevons en même temps une pression, par exemple lorsque, en allongeant le bras, nous nous heurtons à quelque chose, la liaison *effort-pression* se fait dans notre cerveau. Si nous augmentons l'effort, la pression augmente; si nous diminuons l'effort, la pression diminue; si nous cessons l'effort, la pression cesse. Or, la liaison se fait dans ces différents cas entre efforts et pressions correspondantes, les intenses avec les intenses, les faibles avec les faibles, et deux notions nouvelles surgissent dans notre entendement: la notion de *cause* et celle de *dépendance*. Comme nous ne percevons la pression que quand il y a effort, celui-ci s'impose à nous comme *cause* de la pression. D'un autre côté, comme nous constatons que les variations d'intensité de la pression correspondent à des variations semblables dans l'intensité de l'effort, spontanément une intensité donnée d'effort fait surgir le souvenir de l'intensité correspondante de la pression. Si l'enfant veut pousser quelque chose de lourd, il fait un effort intense; s'il veut déplacer quelque chose de léger, il ne fait qu'un faible effort.

Si, au lieu de faire un effort sur une chose quelconque, nous réagissons sur nous-mêmes, par exemple en pressant notre joue du doigt, nous percevons un effort et deux pressions, une à la joue, l'autre au doigt. Comme toujours, ces trois impressions simultanées se lient dans le cerveau. Les variations de l'effort faisant ici aussi varier l'intensité des pressions subies, celles-ci disparaissant dès que l'effort n'existe plus, reparaissant avec lui, dans le cerveau la liaison *effort-pression exercée* croît en intensité et celle *effort-pression subie* se crée. Que l'expérience se renouvelle sur différentes parties de notre individu, les résultats étant toujours les mêmes, la liaison entre effort et pression, tant subie qu'exercée, se développe de plus en plus, et ensuite, spontanément, dès que nous percevons une pression, celle-ci éveille le souvenir de la pression semblable inscrite dans la mémoire et avec lui celui de l'effort qui y est lié ; de même, tout effort musculaire rappelle le souvenir des pressions correspondantes auxquelles il est lié dans l'entendement. Ce sont ces liaisons que nous traduisons dans le langage ordinaire en disant que la pression est causée par un effort musculaire ou qu'un effort produit une pression.

Si maintenant je promène l'index sur ma joue, j'ai au premier la sensation d'un frottement, à la seconde celle d'un mouvement, le tout déterminé par un effort musculaire, naissant, croissant, disparaissant avec lui. Dès lors la liaison *effort-mouvement-frottement* s'impose, et comme elle se répète fréquemment il suffit ensuite que l'un des trois termes soit perçu pour évoquer le souvenir des deux autres. Tout mouvement évoque le souvenir d'un frottement et de l'effort qui le cause habituellement ; tout frottement évoque le souvenir du mouvement qu'il détermine sur une surface sensible et de l'effort qui le cause, tout effort évoque le souvenir du frottement et du mouvement auxquels il est lié dans la mémoire.

C'est par ce processus que l'aveugle se rend compte que tout effort détermine un mouvement. Quand nous étudierons la vision nous verrons combien celle-ci facilite la création de cette liaison, mais il était nécessaire de montrer que, par les seules liaisons entre efforts et pressions, notre cerveau arrivait spontanément au même résultat.

Étudions maintenant les conceptions que la pression nous donne sur le monde extérieur.

Nous avons vu qu'en promenant l'index sur la joue j'ai obtenu une liaison très nette entre le frottement produit sur l'index et le mouvement perçu sur la joue. Mais si en continuant mon effort musculaire je frotte sur une autre surface, une table par exemple, je perçois toujours un frottement à l'index. Dès lors ce frottement, et l'effort qui le détermine, rappellent le souvenir du mouvement qui y a été antérieurement lié, et de même que je sentais l'étendue de ma joue parcourue par mon doigt, de même il me semble percevoir l'étendue de la table parcourue par mon index. D'où la notion que je *parcours de l'étendue* en faisant un effort musculaire, quand il s'y joint la sensation d'un frottement.

Cette notion, par sa fréquente répétition, devient tellement prépondérante que quand je fais un effort musculaire sans qu'il s'y joigne aucune autre perception, cet effort rappelle sa liaison habituelle avec la notion d'une étendue parcourue. Quand par exemple nous lançons le bras dans le vide, il nous semble percevoir l'étendue que nous parcourons en effectuant ce mouvement.

C'est cette étendue, quelle qu'elle soit, que nous appelons : *l'espace.*

L'espace, c'est de l'étendue en tous sens, c'est la liberté absolue de notre activité musculaire.

Voici donc notre première conception spontanée sur le monde : C'est qu'il est composé d'étendues en tous sens, illimitées, que nous parcourons quand nous effectuons un effort musculaire qui ne rencontre pas d'obstacles. Comme nous le voyons, c'est là une notion franchement subjective, c'est une extériorisation de nous-mêmes, c'est l'assimilation du dehors au dedans.

Mais où de la subjectivité nous passons à l'objectivité, c'est quand nous percevons une pression. Par suite de la liaison *effort-pression,* quand nous subissons une pression sans que nous ayons fait un effort quelconque, elle réveille le souvenir des efforts antérieurs auxquels elle est liée, et nous supposons spontanément que sa cause est un effort et, puisque ce n'est pas nous qui le faisons, que cet effort est extérieur.

Si nous voulons explorer ce qui nous presse ainsi, nous percevons un frottement à l'extrémité des doigts et, toujours par suite des liaisons antérieures, nous supposons spontanément que nous parcourons l'*étendue du corps* pressant, c'est-à-dire sa *surface.*

L'exploration en tous sens de ce *corps* nous fait constater qu'il est composé de surfaces enclosant une certaine portion d'espace dans laquelle nous ne pouvons pénétrer et que nous appelons son *volume*. C'est là la conception capitale. Cette notion de volume est fondamentale, car c'est la base de nos conceptions sur le monde extérieur, et c'est sur elle que s'appuient toutes les autres. A mesure que se multiplient nos expériences, nous la voyons se consolider. Nous voyons le *volume* des corps, c'est-à-dire la *portion* d'*espace* qu'ils occupent, ou, si nous préférons, la *portion d'étendue en tous sens* qui les constitue, absolument rebelle à notre pénétration. Un corps est donc essentiellement un *volume impénétrable*.

Le premier service que nous rend le *volume* est de nous permettre de rectifier nos sensations. Si en effet nous appuyons différentes parties de notre surface sensible sur un corps, nous avons des idées différentes sur sa *forme*; si ma main s'appuie sur un cube elle le trouve rectangulaire, si j'y appuie mon index il ne perçoit qu'une petite surface circulaire, si j'appuie sur une arête je perçois une sensation de ligne, etc...

Comment donc se forme l'idée exacte de la réalité. Toujours par le même procédé, la prépondérance spontanée des sensations constantes. De toutes les manières d'explorer le cube, l'exploration active, ou *tact*, seule donne des résultats constants. Nous avons vu plus haut que les sensations subies par la main sont différentes les unes des autres; mais si je promène mon index sur toute la surface du cube à l'aide d'efforts musculaires, je perçois pour des efforts semblables des pressions identiques et l'ensemble de perceptions que nous appelons cube surgit lentement dans le cerveau. C'est ainsi, par une liaison d'efforts et de pressions appropriés, que nous construisons cérébralement toutes les notions de *rond*, de *carré*, de *pointu*, *de creux*, de *convexe*, etc., qui nous permettent, dans l'obscurité, de reconnaître la forme d'un corps et de la rapporter à l'une de ces catégories.

En fait donc, la rectification des sensations est nécessitée par la défectuosité de notre surface tactile et s'opère spontanément, les sensations constantes surgissant au-dessus des sensations variables.

Nous constatons que notre première classification du

monde extérieur consiste en une classification de *volumes* différant de *forme*. C'est la *forme* que nous déterminons d'abord d'une façon positive. Puis dans les formes nous déterminons des *surfaces* et des *lignes*. L'étude tactile des surfaces nous les fait classer en *rugueuses, polies, lisses, rayées,* etc... L'étude tactile des lignes nous les fait classer en *droites, courbes, brisées, irrégulières,* etc... Et toujours la rectification des sensations s'opère de la même façon.

De la notion de volume découle celle de *lieu.* La position d'un corps est déterminée par les volumes qui l'entourent. Quand nous sommes à tâtons (quel mot caractéristique!) et que nous cherchons quelque chose, nous nous guidons en *tâtant* les objets qui nous entourent et en les suivant de proche en proche vers l'objet que nous cherchons, car nous savons par avance auprès de quels autres objets il est. La notion de *lieu* est la conception des distances d'un objet déterminé à d'autres objets qui l'entourent.

Ces deux notions *volume* et *lieu* nous permettent de percevoir l'univers et de nous le représenter. Et cet univers est bien objectif et non subjectif, car nos heurts incessants rectifient constamment et parfois rudement les notions fausses que nous avons sur lui, sur le volume des objets qui le composent et sur leur emplacement.

Enfin, la quatrième notion capitale est celle de *pesanteur.*

La pesanteur est une pression exercée par les corps dans une direction déterminée. Si je tiens une boule dans ma main, elle presse dans un certain sens, et toujours dans le même sens.

C'est là la première manifestation d'activité des corps. Si je lâche la boule, au lieu de rester où je la laisse, en l'air, elle se dirige immédiatement vers le sol. Or, ce mouvement est spontané de sa part, car je ne lui en ai communiqué aucun. C'est donc bien là de l'activité spontanée.

C'est dans le cas de la pesanteur que l'on peut faire ressortir d'une façon bien nette la différence entre l'état spontané et l'état systématique de l'entendement. Regardez cet enfant : s'il veut saisir quelque chose qui va tomber, où met-il ses mains? entre le sol et l'objet, spontanément. Pourquoi? parce que la liaison est faite cérébralement entre la chûte d'un corps et la direction de cette chûte, et que l'une rappelle l'autre. Mais demandez-lui la direction de la pesanteur, il ne saura que vous répondre.

En résumé, les liaisons efforts-pressions sont à la base des notions d'*espace*, de *volume*, de *lieu* et de *pesanteur*.

TEMPÉRATURE

De même que la pression, la température s'étend à tout notre épiderme et nous donne constamment des sensations. En effet, non seulement nous percevons la température de toutes les parties de notre enveloppe cutanée, mais encore les papilles nerveuses qui nous la transmettent nous donnent constamment celle du milieu où elles sont plongées.

Mais, à la différence des pressions perçues qui nous offrent constamment au moins deux intensités différentes (celle de la pression de l'air et celle de la réaction des corps sur lesquels nous reposons), les températures perçues sont souvent uniformes. Aussi est-ce à cause de cette moindre complexité que nous ne nous en occupons qu'en troisième lieu.

Que les pressions et les températures soient des sensations de nature différente, cela n'est pas douteux, puisqu'il nous arrive constamment de percevoir les unes sans percevoir les autres. Quand je promène la main sur la plupart des objets qui m'entourent, sur mes propres habits, je ne perçois aucune température différente de celle de mes doigts, alors que je constate très bien les pressions qu'y exercent les corps sur lesquels j'appuie Inversement, si j'approche un corps chaud de la surface de ma main sans l'y faire toucher, je perçois très nettement un accroissement de température à l'endroit ainsi chauffé sans qu'il s'y joigne une sensation quelconque de pression.

Nous pouvons de plus affirmer que des nerfs spéciaux sont affectés à chacune de ces deux catégories de sensations. Il a en effet été constaté que dans certaines maladies

·de la moelle épinière, où une partie des nerfs qui la composent étaient affectés, la partie du corps située au-dessous du point atteint restait sensible à la pression alors que toute sensation de température et de douleur y était abolie.

La douleur serait-elle donc fournie par les nerfs de la température? C'est ce que nous ignorons encore.

Quoi qu'il en soit, les considérations qui précèdent mettent hors de doute la réalité et l'indépendance du sens de la température. Nous pouvons donc l'étudier seul avant de le lier aux autres et nous constatons qu'il nous donne les notions de *chaleur* et de *froid*.

Continuons dès lors la différenciation des divers éléments qui composent le monde extérieur. Nous avons vu d'abord que c'étaient des *volumes* différant de *forme*. Ensuite nous avons constaté qu'ils différaient aussi en *poids* ; que deux boules de cuivre de même grosseur sont de poids différents si l'une est pleine et l'autre creuse ; que deux cubes, l'un en plomb, l'autre en aluminium, diffèrent de poids bien qu'identiquement semblables de forme et de volume. Maintenant nous constatons que deux boules de même volume, de même poids (l'une pleine en bois et l'autre creuse en cuivre), diffèrent de *température*.

Si, continuant nos expériences, nous exposons ces deux boules à la chaleur solaire, celle en bois nous semble légèrement échauffée alors que l'autre nous brûle les doigts. Bien plus, si tenant cette dernière à la main, nous passons du soleil à l'ombre, nous voyons sa température passer du chaud au froid.

Nous nous trouvons donc en présence d'un phénomène nouveau. La forme et la pesanteur des corps, seuls attributs que nous leur connaissions jusqu'ici, étaient constants et, par cette constance même, finissaient par s'imposer à notre entendement, tandis que maintenant, alors que les conditions de perception restent les mêmes, nous constatons des variations de température. Dès lors s'impose la notion cérébrale de variation dans la chaleur des corps, et nous classons ceux-ci d'après les notions de température qu'ils nous offrent le plus communément. C'est ainsi que le bois est dit ni chaud, ni froid, que les métaux sont considérés comme froids, de même que les pierres, mais le tout d'une façon relative, parce que nous avons trouvé assez souvent ces corps à d'autres températures pour qu'il se crée une liaison cérébrale évoquée en même temps que la liaison principale.

Il est par contre d'autres corps, tels que la glace et la neige, que nous appelons nettement corps froids, car jamais nous ne les percevons à une température aussi élevée que la nôtre.

Si maintenant nous étudions les perfectionnements introduits par la température dans les notions que nous avons déjà, nous voyons qu'ils sont importants.

La température devient un des éléments du *tact* au même titre que la pression. Le *tact* complet est la perception, sous un *effort musculaire*, de la *pression* et de la *température* des corps, nous permettant d'acquérir une conception exacte de leur forme. Ses résultats sont d'autant plus nets que le corps diffère davantage de notre température, sans évidemment que cela dépasse certaines limites. Quand les limites de l'étendue de la température que nous percevons coïncident avec les limites de la pression exercée, elles se renforcent et il y a une netteté plus grande dans le souvenir.

C'est grâce à la température que les liquides peuvent être différenciés de l'air qui nous entoure. Plongeons la main dans de l'eau à la même température qu'elle, et nous ne nous apercevons de rien, alors cependant que depuis un moment une partie de nos doigts est immergée. Mais si l'eau est froide ou chaude, nous percevons au contraire l'instant précis où nos doigts en effleurent la surface et nous avons une notion très nette de la limite qui sépare la partie dans l'eau de celle qui est restée dans l'air.

Aussi, grâce à la température, voyons-nous la conception que nous avons des corps qui nous entourent gagner en netteté et leur forme se préciser. Un corps devient la synthèse d'un volume et d'une température. C'est en somme l'enregistrement mental du tact. C'est la combinaison fixée dans le cerveau entre efforts, pressions et température ayant servi à déterminer chaque corps.

ÉLECTRICITÉ

Nous désignons sous le nom de sensations électriques deux genres de sensations qui diffèrent entièrement de toutes les autres et qui n'ont pas encore de nom propre ; on les appelle par le même nom que celles des autres sensations qui s'en rapprochent le plus : ce sont des *fulgurations* ou des *fourmillements*.

La découverte de ce sens est toute moderne. Tant que l'électricité des orages a été la seule connue, tant que nous n'avons pu la percevoir que dans les manifestations orageuses spontanées, ses effets étaient trop puissants pour nous et désorganisaient les individus. Ce n'est que depuis l'invention des machines électriques, alors que l'on a pu faire varier à volonté l'intensité de l'énergie électrique, qu'on a pu essayer sur l'homme les dites machines et percevoir leur action.

Il semblerait cependant, à certaines coïncidences, que les effets électriques sont loin d'être nouveaux pour nous, car ils ressemblent à ce que nous appelons le *chatouillement*. En effet, les chatouillements se divisent eux aussi en deux grandes classes : les uns, produits surtout aux aisselles et aux hanches, déterminent une espèce de fulguration suivie d'une contraction spasmodique des muscles, tout comme la commotion électrique ; les autres, déterminés par un léger frottement aux différentes parties de notre individu, mais spécialement aux endroits les plus sensibles à la pression, lèvres, ailes du nez, nuque par exemple, causent une espèce de fourmillement qui devient rapidement insupportable.

Enfin, si l'on constate de plus que électrisation et chatouillement peuvent être tous deux causés par le frottement (électricité statique) ; que le grand chatouillement de même que la fulguration sont produits par le simple contact, quelquefois même sans contact (courants induits pour l'électricité, simple menace non suivie de contact pour le chatouillement), on conviendra que le rapprochement est au moins étrange.

10

Quoi qu'il en soit, que le chatouillement et l'électricité soient ou non des manifestations identiques, ils n'apportent l'un et l'autre à la mentalité aucun élément nouveau en dehors des sensations de *fulguration* et de *fourmillement*.

_____

ODEURS

Les odeurs que nous percevons sont très différentes les unes des autres, et elles peuvent être perçues seules : c'est ce qui a lieu quand, dans l'obscurité, nous en percevons une sans que rien nous indique sa source.

Quand nous percevons l'odeur d'un corps que nous tenons à la main, elle se lie à la forme pressée, à la pesanteur subie, et fournit un élément de plus à la reconstitution mentale. Il se forme une synthèse entre l'odeur, le volume, la pression et la température, et l'un des éléments rappelle tous les autres. Si, dans l'obscurité, nous prenons une poire ou une pêche, immédiatement le souvenir évoqué par la forme perçue rappelle l'odeur connue du fruit auquel elle se rapporte. Inversement, si je perçois l'odeur de roses ou de lilas, le souvenir de la forme de ces fleurs surgit devant moi, et en prenant les unes ou les autres je sais parfaitement mettre plus de prudence à saisir la tige des roses que celle des lilas : c'est que je me souviens des épines !

La rectification des sensations olfactives s'opère de la façon ordinaire. Quand une pêche est loin de nous, nous ne percevons pas son odeur et il faut que nous l'approchions pour que son parfum nous parvienne. Dès lors la liaison se fait entre la distance et l'odeur et, le fait se renouvelant pour la plupart des corps, elle devient prépondérante; aussi voyons-nous l'enfant qui veut sentir un objet l'approcher spontanément de son nez.

En résumé, nous voyons que l'odeur n'apporte guère à la mentalité que la contribution de ses sensations particulières sans beaucoup perfectionner les acquisitions antérieures.

Mais elle nous permet cependant de différencier une foule de corps, semblables de tact, de poids et de température. C'est à leur odeur que nous reconnaissons les différents alcools, l'éther, l'essence de telle ou telle fleur, l'ammoniaque, etc..., qui sont semblables à tous autres égards; c'est à l'odeur que les ménagères reconnaissent si une viande est éventée ou non, que nous constatons que l'air est vicié, soit par du gaz d'éclairage, soit par tel ou tel gaz méphitique, etc... Nous voyons ainsi augmenter les divisions du monde extérieur et notre approximation mentale se rapprocher de la réalité.

SAVEURS

Ce que nous venons de dire des odeurs peut s'appliquer presque entièrement aux saveurs, car elles ne nous donnent guère que leur sensation particulière. Par suite des conditions dans lesquelles nous les percevons, de la forme de la cavité buccale, de la petitesse de son ouverture, la forme des corps est à peu près impossible à déterminer avec leur aide.

Mais, par contre, la saveur est un instrument d'exploration très précis pour différencier des corps identiques à tous les autres égards. C'est avec son aide que nous déterminons le degré, la force et l'origine des vins et des alcools, les différents éléments de notre alimentation, de même que les conditions de leurs combinaisons. C'est en un mot un élément constitutif des corps, élément qui se lie à leur forme, leur poids, leur température, leur odeur, pour constituer des classes de plus en plus nombreuses.

Nous voyons ainsi notre synthèse mentale se développer en précision et en variété et chaque corps devenir une synthèse de plus en plus complexe, par conséquent plus facile à séparer des autres corps possédant avec lui certains caractères communs.

SONS

Les sons constituent un des éléments les plus importants de notre mentalité. Ce sont des sensations élémentaires auxquelles nous devons les notions de *bruit*, de *hauteur*, et de *timbre*.

Certains ensembles de sons, par leur fréquente répétition, s'imposent à nous : ce sont ceux de la *voix* humaine et les *cris* des principaux animaux.

Comme les odeurs, les sons, embrassant l'étendue entière de l'organe sensible, n'ont pas de formes différentes les unes des autres.

Une deuxième conséquence de cette condition physiologique est que les sons simultanés se superposent, s'ajoutent, pour n'en former qu'un seul. Plusieurs personnes chantant à l'unisson ne nous donnent l'impression que d'une seule voix. En fait, pour le son, deux et deux simultanés ne font qu'un, soit de même nature, si les sons sont de même hauteur et de même timbre, soit de nature différente dans le cas contraire. S'il en était ainsi pour toutes nos sensations et qu'il ne s'opérât pas de rectification, nous dirions que deux et deux simultanés font un. Ce n'est qu'à l'aide des autres sens que nous rectifions cette arithmétique singulière, et que nous nous rendons compte que cette illusion auditive tient à l'imperfection de notre oreille.

Le *son* est un nouvel élément qui vient s'ajouter à notre représentation des corps pour la rendre plus complète et plus exacte. Avec son aide nous différencions des corps, identiques à d'autres égards ; dix violons semblables donneront dix timbres différents ; heurtez une douzaine de verres du même service et vous aurez douze résonnances différentes, etc.

Ici encore, la synthèse mentale s'opère par la prépondérance de la constance sur la variation. Nous lions, par exemple, la voix aux personnes qui l'émettent, car dans les différentes occasions où les deux ont été perçues simultanément, seules elles se sont constamment rencontrées, tandis que les autres sensations qui les accompagnaient variaient d'un cas à l'autre.

Si nous étudions quels sont les perfectionnements que le son, en se joignant aux autres sensations, apporte à notre mentalité, nous voyons qu'ils sont considérables, grâce à la création du langage.

Jusqu'ici notre mentalité se composait de synthèses dont les éléments nous étaient directement fournis par les corps qu'elles représentaient. C'étaient des *volumes* auxquels étaient jointes des notions de *forme*, de *pesanteur*, de *température*, d'*odeur*, de *saveur* et de *sonorité*. Il en résultait que pour qu'une de ces synthèses surgisse du souvenir, il était nécessaire que le corps initial donnât au moins une des sensations précitées. Le progrès dû au langage parlé a consisté à lier à chaque synthèse un son que nous puissions reproduire *à volonté*. Dès lors, la perception du corps extérieur ne fut plus nécessaire à l'évocation de sa représentation mentale chez nos auditeurs, puisque nous pouvions produire celle-ci quand nous le voulions en émettant le *nom* que nous y avions lié. Cette création sociale donna une influence considérable aux hommes les uns sur les autres en permettant à chacun d'eux de faire surgir chez autrui tous les souvenirs qu'il désirait y évoquer.

Comme il est facile de le comprendre, les premiers noms ne furent que des modifications des sons propres aux corps, et il est intéressant de suivre chez l'enfant les différents stades de la création du langage. Tant qu'il n'a pas appris notre langue, c'est-à-dire qu'il n'a pas lié cérébralement des noms aux choses, si nous lui parlons d'un chien il reste indifférent; mais si nous imitons un aboiement, immédiatement son visage s'éclaire: l'image de l'animal évoqué a surgi devant lui. Et comment l'appelle-t-il : est ce Fox ou Loulou, du nom qu'on lui répète constamment? nullement. C'est *oua-oua* qu'il le nomme spontanément.

On comprend la portée immense des progrès dus au langage articulé quand on se rend compte que, par ce procédé artificiel, nous pouvons lier un son à toutes nos conceptions mentales, quelles qu'elles soient, et par ce moyen les faire surgir à volonté de la mémoire. Il suffit de la perception successive de sons particuliers pour éveiller le souvenir de toutes les synthèses auxquelles ils se rapportent, pour en modifier l'ordre, la succession, et surtout *créer entre elles des rapports mentaux.*

Le nom est l'intermédiaire à l'aide duquel nous opérons nos liaisons mentales subjectives ; c'est le pont qui relie les parties les plus diverses de notre mentalité. Nos conceptions mentales les plus vastes et les plus complètes se fixent avec la plus grande facilité dans notre entendement en liant ensemble les mots qui les expriment, et l'on comprend maintenant pourquoi telle phrase brève crée les liaisons les plus riches et les plus fécondes dans notre cerveau. C'est l'abouchement facile et immédiat des synthèses les plus complexes. Nous pouvons comparer la langue au clavier doux et délicat à l'aide duquel l'artiste obtient avec la plus grande facilité les combinaisons infinies des sons des orgues les plus puissantes.

Le langage est l'instrument qu'il était nécessaire de créer pour faciliter les combinaisons intellectuelles ainsi que la communication des résultats acquis, et faute duquel toute culture mentale complexe serait impossible.

LUMIÈRES

Nous arrivons enfin à l'élément le plus fécond en résultats de toute notre mentalité. L'œil est, de tous nos sens, celui qui nous donne les notions les plus riches, les plus variées, les plus précises, et aussi les plus erronées. N'est-ce pas en effet l'œil qui nous permet d'embrasser d'un regard l'immense étendue dans laquelle nous nous mouvons, de percevoir avec la plus grande précision tous les objets qui s'y trouvent ; mais, en même temps, ne savons-nous pas que tout ce que nous percevons si nettement est déformé, agrandi ou diminué suivant la distance, de coloration faussée par les reflets et par les ombres.

Les notions élémentaires qui ne nous sont fournies que par ce sens seul sont la *lumière* et la *couleur*. L'aveugle-né n'a aucune idée de ce que peut être la couleur des corps, la lumière du soleil.

Si nous voulons étudier les résultats mentaux que détermine l'adjonction des sensations lumineuses aux autres sensations, un fait s'impose d'abord. C'est que, de toutes les sensations, la lumière est celle qui est la plus riche en éléments simultanés, c'est-à-dire celle où les différences entre les sensations lumineuses perçues simultanément sont les plus nombreuses, les plus précises, les plus faciles à déterminer. Si nous ajoutons que de toutes nos sensations ce sont les seules qui nous renseignent d'une façon précise sur les corps éloignés, nous comprendrons de suite comment il se fait que, spontanément, dans notre conception du monde extérieur, les sensations lumineuses occupent la place prépondérante.

Nous avons dû effectuer l'étude de la mentalité en commençant par les sens les plus généraux, suivant ainsi l'ordre de leur apparition graduelle dans la série animale. Il était nécessaire de procéder ainsi pour mettre en évidence, d'abord la formation initiale de notre mentalité, ensuite qu'à peu près toutes nos conceptions puisaient leur origine dans les sensations générales, les seules communes à toutes les espèces animales et encore aujourd'hui les seules à la disposition des espèces non pourvues d'organes de vision et des individus nés aveugles bien qu'appartenant aux espèces sensibles à la lumière. Dans celles-ci même, il en est chez lesquelles la conformation de l'organe visuel est loin d'être parfaite, et il n'y a guère que chez les animaux supérieurs que la vision a une netteté et une précision suffisantes.

Ces considérations établies, et reconnaissant que, chez l'homme, la supériorité des sensations lumineuses sur toutes les autres s'est spontanément établie et n'a fait que s'affermir par la culture systématique, nous constatons que l'ordre de la synthèse mentale s'est renversé dans notre espèce : c'est la vision qui est l'élément principal de notre mentalité et les autres sensations y sont subordonnées. Nous allons maintenant, forts de l'acquit antérieur, voir à quel point les conceptions que nous avons vues s'établir vont gagner en précision et en rectification. Pour cela, nous

allons prendre comme base la sensation visuelle et progressivement y agréger toutes les autres.

Une sensation simple est un bloc uniforme dont tous les
éléments perçus sont identiques. Or, nous percevons simultanément des lumières d'intensités et de colorations différentes. Chacune de ces lumières, constituée par sa couleur
et par son intensité, est une sensation différente des autres.
Nous pouvons donc dire que nous percevons d'un regard un
ensemble de sensations lumineuses.

Ces sensations diffèrent les unes des autres 1° en intensité, 2° en coloration, 3° en étendue, 4° en durée, 5° en
mouvement, 6° en nombre. Ces six éléments constituent
les caractéristiques de chaque sensation, mais ils ne nous
frappent que parce qu'ils ne sont pas les mêmes pour toutes.
Il se produit fréquemment que l'un de ces éléments manque et sa notion disparaît aussitôt. Si nous sommes en face
d'un mur également éclairé et remplissant toute l'étendue
de notre champ visuel, la notion d'intensité de la lumière
ne s'éveille pas en nous. Si nous voulons la faire surgir, il
nous faut un effort de mémoire et comparer à l'intensité de
la lumière du mur celle des lumières enregistrées dans le
souvenir ; si le mur est d'une teinte uniforme, l'idée de
couleur ne s'éveille en nous que si nous évoquons le souvenir
de la couleur différente des lumières antérieurement perçues. Il en est de même pour les notions de forme, de
mouvement, de durée et de nombre. Il y a donc là comparaison de sensations de même nature mais différant les
unes des autres, comparaison dont la notion ne surgit
qu'autant que les sensations ne sont pas identiques. Nous
ne concevons des intensités, des couleurs, des étendues,
des mouvements, des durées et des nombres que par rapport à d'autres intensités, d'autres couleurs, d'autres étendues, d'autres mouvements et d'autres nombres.

Ces six propriétés existent bien dans la réalité, mais il
faut, pour que nous en ayons conscience, que les conditions
de la perception et la construction de nos sens nous permettent de les saisir. Si le son n'a point d'étendue, cela tient
à la défectuosité de notre ouïe, car en réalité un son quelconque n'occupe qu'une partie restreinte de l'espace ; nous
n'avons aucune conscience de la rapidité vertigineuse

avec laquelle nous sommes entraînés par la terre dans l'espace, parce que les conditions de milieu ne rendent pas ce mouvement perceptible par nos sens, etc...

Ces considérations établies, l'on conçoit quelle variété de sensations lumineuses l'enfant perçoit d'un regard. D'un coup, les notions de *lumière*, de *couleur*, d'*intensité*, d'*étendue*, de *nombre* et de *durée* s'imposent spontanément à lui. De plus, certains ensembles lumineux, se déplaçant dans le champ visuel, font naître la notion de *mouvement*.

Cependant, de ces ensembles de sensations visuelles, un certain nombre se représentent constamment, alors que d'autres ne sont plus perçus ; ce sont par exemple ces ensembles de lumières d'intensités et de colorations variées qui constituent l'image de la mère, du lit, du chien, etc... Dès lors, par leur répétition, ces images acquièrent une importance croissante et, progressivement, surgissent avec une netteté singulière au-dessus du brouillard confus des mille sensations variables qui les accompagnaient chaque fois qu'elles furent perçues.

A chaque perception de l'image de la mère, le son de sa voix est perçu ; dès lors il a pris lui aussi une importance prépondérante dans le souvenir, la liaison du son à l'image s'est renforcée graduellement, si bien qu'il est arrivé un moment où la perception de l'une de ces deux sensations rappelle immédiatement le souvenir de l'autre : dès que l'enfant entend la voix de sa mère il tourne la tête pour chercher son image. De la même façon la silhouette du chien se lie au son de son aboiement, le lit rappelle le souvenir du sommeil que l'on y fait, etc...

Voici donc la synthèse mentale en son commencement. Presque aussitôt nous la voyons se compliquer. En s'agitant, l'enfant se heurte. Certes, quand il éprouve ce besoin spontané d'agir qu'il tient de son organisation même, quand les muscles de ses bras et de ses jambes se contractent sous l'impulsion de son énergie vitale, il n'y a là que l'activité naturelle d'un organisme, sans aucune conception des résultats. Mais ses yeux lui permettent de voir que ses bras et ses jambes sont en mouvement, et la liaison mentale s'établit entre l'activité musculaire et le mouvement produit. L'enfant, autrement dit, conçoit spontanément que l'impulsion musculaire détermine du mouvement. D'où la notion d'*espace*, c'est-à-dire d'étendue en tous sens que son bras, sa main peuvent parcourir. Notion spontanée mais très nette, car l'enfant se rend parfaitement compte qu'il peut agiter ses bras dans tous les sens, au hasard de ses caprices.

Cependant, dans ces mouvements, il arrive qu'il se heurte. Son épiderme lui transmet une pression ressentie, son œil perçoit un arrêt brusque dans le mouvement. Il voit qu'il y a là une partie d'étendue que sa main ne peut parcourir. Or, cette partie d'étendue impénétrable a une couleur, une forme déterminée. Si cette couleur et cette forme appartiennent à quelque synthèse déjà ébauchée dans son cerveau, il s'y lie immédiatement tout cet ensemble de pression, d'arrêt de mouvement, que nous venons de voir, constituant la première ébauche mentale du volume du corps. Dès lors, l'exploration continuant par le tact, l'enfant arrive progressivement à cette notion que la mère, la table, le chien, sont impénétrables, empêchent la main d'aller là où ils se trouvent. Et cette synthèse des Êtres, l'enfant la recherche spontanément. Dès qu'il aperçoit un objet nouveau, un ensemble visuel inconnu, il cherche aussitôt à s'en emparer et, dès qu'il l'a, il le palpe, le retourne, l'examine sur toutes ses faces; en un mot il en détermine toutes les données tactiles et il les lie à toutes les formes visuelles qu'il lui peut découvrir; bien plus, il le flaire, cherche à le mettre dans sa bouche, en un mot, spontanément, il cherche à se donner de cet objet l'idée la plus complète possible, à en déterminer toutes les propriétés perceptibles, et le tout se lie dans sa mémoire en un bloc dont l'un des éléments perçu suffit ensuite à évoquer l'ensemble.

Parmi les éléments successifs qui se lient dans la mentalité de l'enfant se trouvent des images semblables de forme mais différentes de grandeur : celles fournies par les personnes qui s'approchent ou s'éloignent de lui. Or, dans chaque cas, il se forme une liaison entre ces images successives d'un même individu, et il suffit ensuite que l'enfant aperçoive ce dernier à une distance quelconque pour que l'image perçue rappelle le souvenir de celle de même grandeur enregistré dans la mémoire et avec lui toute la synthèse à laquelle il est lié.

C'est pour cette raison que l'enfant qui voit dessinée la silhouette d'un cheval dit aussitôt: dada! car cette silhouette rappelle celle de même taille, à laquelle sont liées les grandeurs différentes du même animal perçues à mesure qu'il se rapprochait, ainsi que tous les autres caractères qui le spécialisent.

D'un autre côté, les animaux d'une même espèce ont un caractère commun : la forme, et des caractères particuliers à chacun qui permettent de les distinguer les uns des autres. Il est dès lors facile de comprendre que, dans le souvenir, la forme se répétant toujours identique, alors que la couleur, ainsi que les autres caractères varient d'un animal à l'autre, sa notion s'abstrait de la masse et surgit avec une intensité croissante, car la liaison se fait entre les différentes grandeurs, seul caractère qui pourrait séparer les formes les unes des autres.

Ce qui se fait pour les formes se produit pour les sons ; les aboiements, les miaulements, ou les hennissements, ont des caractères communs beaucoup plus frappants que leurs différences individuelles ; des aboiements diffèrent bien moins les uns des autres qu'ils ne diffèrent des miaulements et des hennissements; de même pour les deux autres. Dans ces conditions, l'enfant en apercevant un chien ou en entendant un aboiement dit aussitôt: oua-oua, du nom dont, phonétiquement, il a baptisé la synthèse des sons et des images qui constituent le chien.

Si l'on a bien saisi le mécanisme de la formation des idées chez l'enfant, il est facile de se rendre compte que chez lui les images de famille, d'espèce, sont au début les seules prépondérantes, car les objets de même espèce sont infiniment plus nombreux que les individus de chaque espèce ; autrement dit, nous percevons, dans la pratique de la vie, plus souvent des objets de même nature, mais différents, que nous ne percevons le même objet ; nous voyons beaucoup plus de chiens, de chats, de chevaux que nous ne voyons de fois le même chien, le même chat, le même cheval. Il s'ensuit que le caractère de famille, d'espèce, est prépondérant, parce que plus répété, et que ce n'est que secondairement que l'individu s'affirme. Sauf dans le cas de la mère, c'est-à-dire de l'Être autour duquel tournent toutes les conceptions de l'enfant, et dont l'image, d'une répétition constante, se grave avec tous ses détails dans sa mémoire, l'enfant ne se souvient que des caractères généraux et il ne « reconnaît » les gens, c'est-à-dire que la vue d'une personne ne rappelle chez lui une image distincte du type général, qu'au bout d'un certain nombre de mois. Et cet état de la mentalité se constate facilement chez l'adulte, car il faut que les caractères soient suffisamment tranchés pour qu'ils se gravent dans notre mémoire. Il nous arrive fréquemment de penser que deux personnes successivement aperçues se ressemblent beaucoup, alors qu'en les mettant l'une auprès de l'autre on les trouve bien plus différentes qu'on ne se l'était imaginé. Si nous différencions facilement nos compatriotes les uns des autres, en faisons-nous autant des nègres? C'est un lieu commun de répéter que tous les nègres se ressemblent. Or il n'en est rien; seulement nous n'avons pas l'habitude de les observer. Quel est celui qui différencie les moutons, les pigeons, voire même les chaises d'une même chambre, les cuillers et les fourchettes d'un même service? Et cependant il n'est pas deux de ces objets qui soient identiques. Constatons donc que chez nous, aussi bien que chez l'enfant, le caractère de famille s'impose spontanément et que, sauf dans des cas particuliers où nous nous sommes appliqués à étudier les différences individuelles, seul le caractère de famille existe dans notre entendement.

On comprend maintenant comment se forme chez l'enfant la représentation du monde extérieur. Pour lui le monde se compose d'un ensemble d'espèces de choses, espèces qui ont une forme, une couleur, une pesanteur, un son, une odeur, un goût particuliers. Chaque espèce constitue chez lui toute une synthèse de sensations, qu'éveille la perception d'une seule de celles-ci. Tout ce qu'il perçoit est *une* chose et non *la* chose. Il dit toujours qu'il a vu *un* chien, *un* cheval *une* voiture et non *le* chien, *le* cheval, *la* voiture, sauf dans les rares cas où un type particulier s'est imposé à lui par la cohabitation, tel le chien familier. Il a parfaitement conscience qu'il a affaire à des individus distincts appartenant à la même espèce; la question qu'il se pose en explorant quelque chose de nouveau est : Qu'est-ce que c'est que ça ? et la réponse est : C'est *un* chien, ou *une* tasse, ou *une* cuiller, c'est-à-dire un type connu mentalement.

C'est donc la synthèse qui domine chez l'enfant. Et cette synthèse se divise en deux périodes, suivant qu'elle est involontaire ou volontaire.

Au début, elle est involontaire, le cerveau de l'enfant liant spontanément les sensations qu'il perçoit passivement; plus tard, l'enfant recherche lui-même par l'exploration les sensations qui lui manquent, et sa synthèse mentale devient ainsi voulue, cherchée.

Le grand caractère de la synthèse mentale est la rectification des sensations erronées.

Nous avons dit que si l'œil nous donnait les notions les plus précises, il nous donnait aussi les notions les plus erronées, et il est nécessaire que la rectification s'y opère plus rigoureusement qu'ailleurs.

La couleur d'un corps est souvent modifiée par les ombres, les reflets, etc...; mais, comme malgré cela elle est fréquemment perçue d'une façon exacte, et que de plus les modifications variant à l'infini se détruisent mutuellement, elle finit par surgir spontanément.

Qu'y a-t-il de plus changeant que la forme d'un corps ? qu'il change de position, ou que nous nous déplacions, sa forme varie. Il est cependant des aspects sous lesquels nous le voyons plus fréquemment que sous d'autres, et ce sont ces aspects, prépondérants dans le souvenir, qui surgissent à notre évocation. De plus, la forme visuelle se lie à la forme tactile, et alors se précisent les notions de rond, de carré, de cube, de ligne, d'angle, de rugueux, de poli, de solide, de fluide, de concave, de convexe, de limite, etc...

Il en est de même pour toutes les notions liées aux mouvements : régularité, rapidité, etc...; partout la prédominance des caractères constants sur les autres permet à la mentalité de l'enfant d'acquérir une stabilité remarquable, stabilité qui ne fait que se développer avec l'âge, car, étant basée sur la réalité extérieure et celle-ci étant caractérisée par une grande stabilité des caractères constants, la prédominance de ces derniers dans l'entendement ne fait que s'accroître constamment.

En résumé, nous voyons la synthèse mentale reproduire spontanément le monde extérieur, surtout dans ses caractères fixes et constants. Nous la voyons se former autour des sensations visuelles comme sensations principales. Nous voyons la notion générale que le monde ne se compose que de formes occupant une partie impénétrable de l'espace et pouvant nous donner toutes sortes de sensations de pesanteur, de chaleur, de saveur, etc... s'étendre progressivement à toute notre mentalité, au fur et à mesure que les sensations isolées qui s'y trouvent se relient à une synthèse visuelle baptisée *corps*.

Mais cette synthèse mentale n'est formée que d'éléments empruntés au monde extérieur. Or, nous ne devons pas oublier qu'il est un certain nombre de sensations, celles de douleur, de plaisir, d'ennui et d'effort, qui ne nous sont fournies que par nous-mêmes, mais qui n'en concourent pas moins à former notre mentalité. Il est donc nécessaire d'étudier les modifications que les caractères subjectifs de l'individu introduisent dans sa mentalité.

L'homme se construit mentalement de la même façon qu'il construit tous les autres êtres ; il n'a conscience de sa forme que parce que ses yeux et ses mains la lui font connaître et l'explorent en tous sens, de la couleur de ses yeux, de ses cheveux que parce qu'il les peut apercevoir ; et il on est de même pour toutes les propriétés, perceptibles par les sens, qu'il se découvre.

C'est ainsi qu'il arrive à se convaincre de la ressemblance qui existe entre lui et les autres hommes.

Mais à tout cet ensemble de perceptions objectives qui constituent sa représentation mentale, l'homme lie spontanément toutes les sensations subjectives qui se sont manifestées au même moment. Dans son souvenir, l'effort fait pour agiter son bras est lié au mouvement obtenu ; l'effort fait pour soulever un objet est lié à la pression exercée sur ses mains par la résistance vaincue, et cette succession d'évènements suffisamment répétés crée chez lui la liaison de cause à effet. De ce que tout mouvement de sa part est déterminé par un effort volontaire et y est lié dans le souvenir, la perception d'un mouvement quelconque effectué par un autre individu rappelle le souvenir du mouvement similaire qu'il effectua lui-même et celui de l'effort qui le déterminat. Autrement dit, la perception d'un mouvement quelconque éveille l'idée de l'effort qui avait antérieurement déterminé un mouvement semblable. Quand l'enfant court, il a parfaitement conscience des efforts qu'il exécute, et la perception du mouvement déterminé se lie dans son cerveau aux efforts qui le causent. Qu'il voie un autre enfant courir, et cette vue éveille l'idée des efforts nécessaires ; qu'un homme ou un animal quelconque coure et, la perception étant toujours la même, c'est-à-dire celle du déplacement rapide d'une synthèse dans le champ visuel, l'idée d'efforts surgit encore ; que ce soit une pierre qui dévale sur une pente et, le mouvement perçu étant toujours le même, l'idée d'efforts faits surgit encore.

De même, tout heurt causant une douleur à l'enfant, la liaison se fait entre la pression violente subie, l'image de l'arrêt brusque et la douleur éprouvée. Dès lors, toutes les fois que son œil perçoit un choc quelconque, cette image rappelle celle semblable inscrite dans le souvenir, et avec elle celles de la pression et de la douleur qui y sont liées.

Nous voyons ainsi comment, spontanément, l'enfant lie à toutes les synthèses des souvenirs qui ne proviennent que de lui. Comme les sensations subjectives de plaisir, de douleur, d'ennui et d'effort sont liés dans son souvenir à des sensations objectives de pression, de mouvement, de température etc..., qui appartiennent à sa propre synthèse aussi bien qu'à toutes les autres, la perception des dernières rappelle le souvenir des premières. En d'autres termes, l'enfant suppose spontanément tout le monde semblable à lui, toutes les synthèses qui se sont formées dans son esprit douées des mêmes attributs que la sienne.

Nous nous trouvons enfin en face de la mentalité spontanée définitivement constituée, celle qui est commune aux animaux supérieurs, aux peuplades les plus arriérées de la race humaine, et à nos propres enfants. Pour eux, le

monde n'est composé que d'êtres réels, vivants, voulant
et agissant, en un mot doués de leurs propres qualités et de
leurs propres défauts. Ils n'ont aucune notion explicite de
la constance des propriétés ; l'ordre et la régularité de la
vie universelle sont subis par eux sans qu'ils en aient conscience, car c'est spontanément que chaque liaison constante
s'évoque à l'appel d'un de ses éléments. Ils ont au contraire
l'idée très nette du caractère irrégulier et capricieux de leurs
propres manifestations volontaires. Aussi tous les Êtres
leur semblent-ils, à leur image, capricieux et fantas-
ques, d'une activité purement volontaire et d'une volonté
incertaine et changeante, dont toutes les manifestations
sont voulues, et qui comme eux sont mus par le besoin
d'agir, la recherche du plaisir, par les mille sentiments
de gaîté ou de colère qui successivement dominent leur
mentalité.

MENTALITÉ SYSTÉMATIQUE

Notre représentation interne de la réalité est étroitement subordonnée aux conditions objectives dans lesquelles nous la percevons, ainsi qu'aux conditions de fonctionnement des organes chargés de la percevoir et de l'enregistrer. Il faut, d'une part, qu'elle agisse sur nous, et, d'autre part, que nos organes la perçoivent et l'enregistrent fidèlement.

Si une partie seulement de la réalité tombe sous nos sens, nous n'avons connaissance que de cette partie ; si nos sens ou notre cerveau la déforment, nous ne connaissons que cette déformation que nous prenons pour la réalité elle-même.

Or, l'étendue que nous pouvons explorer est très limitée. Hors de notre système solaire, nos connaissances sont presque nulles ; dans celui-ci, il n'y a guère que la terre que nous connaissions, et encore imparfaitement, car nous ne pouvons en percevoir simultanément que des étendues fort limitées.

D'autre part, au début de ce travail, nous avons fait l'analyse des sensations, ce qui nous a permis de constater combien souvent, par suite de la construction défectueuse des organes des sens, les renseignements qu'ils nous fournissent sont erronés ; ensuite nous avons vu, par l'étude du fonctionnement du cerveau, combien irrégulière est la formation de la mentalité spontanée.

Il est dès lors facile de comprendre que notre conception de la réalité sera d'autant plus complète que nous pourrons étendre davantage la puissance de nos sens, et d'autant plus exacte que nous rectifierons mieux les erreurs dues à leur imperfection et à la défectuosité de notre mentalité.

11

Nous avons vu que la rectification des erreurs des sens s'opérait spontanément par le jeu de notre activité mentale; que, par exemple, des mille formes visuelles sous lesquelles nos organes nous présentent un objet, la plus répétée se subordonnait les autres et surgissait seule du souvenir. Mais si cela a l'avantage de donner à la mentalité spontanée une unité et une liaison sans lesquelles elle ne serait qu'un chaos, il ne s'ensuit pas que l'image devenue ainsi prépondérante soit l'image exacte. La plupart des objets dont la vue nous est familière, la chaise, la table, sont vus presque constamment de profil, c'est-à-dire avec des côtés inégaux. D'autre part, une foule de faits fournis par les sens viennent contrebalancer les liaisons qui semblent le mieux établies; c'est ainsi que le volume des corps ne paraît impénétrable que dans certains solides, mais pas dans d'autres, tels que les éponges et les corps creux ; que les liquides semblent toujours pénétrables, puisque nos yeux témoignent de la facilité avec laquelle notre main y pénètre ; que la fumée, les vapeurs ne paraissent pas pesantes, puisque nous les voyons s'élever dans l'air, etc...

Et cependant les erreurs des sens ne sont pas les plus graves. Celles dues aux conditions mêmes de notre enregistrement cérébral paraissent en effet plus importantes, pour peu qu'on y réfléchisse. Notre cerveau liant ensemble les sensations simultanées et successives, il s'ensuit qu'il lie ainsi une foule de faits qui n'ont ensemble d'autres rapports que celui de s'être présentés à nous simultanément ou successivement. C'est ainsi que dans une scène qui nous a vivement frappés, nous nous souvenons de tous les détails, bien que la plupart de ceux-ci n'aient aucun lien entre eux.

Nous savons, de plus, que le grand caractère de la mentalité spontanée est d'étendre à tous les corps nos qualités et nos défauts et, comme nous ne faisons rien sans volonté, de supposer qu'il en est de même pour tout corps exerçant une action quelconque, qu'en un mot toute action est voulue par un être déterminé.

Dès lors, on voit l'importance que prend la coexistence de faits hétérogènes avec de semblables dispositions cérébrales. Tous les corps sont supposés avoir des actions les uns sur les autres, l'étoile qui brille à la naissance agir sur l'enfant, la vue de tels oiseaux être d'un bon ou d'un mauvais présage, et l'avenir être indiqué par les cartes. Ces quelques faits nous montrent que nous ne sommes pas si loin de cet état mental et qu'il se perpétue encore de nos jours sous certaines formes particulières.

Il est donc nécessaire de compléter systématiquement le travail cérébral, spontanément institué, en :

1° détruisant les liaisons inexactes, c'est-à-dire celles qui n'existent pas dans la réalité ;

2° Renforçant les liaisons exactes ;

3° Créant des liaisons que l'observation directe n'avait pas fait surgir.

C'est, en fait, rectifier systématiquement là où la rectification spontanée est insuffisante.

Et comme nous ne pouvons changer ni de cerveau ni de sens, que nous ne pouvons modifier ni leur construction ni leur fonctionnement, nous ne pouvons opérer cette transformation mentale qu'en dirigeant sciemment le travail cérébral qui, jusque-là, s'était fait spontanément et inconsciemment.

MÉTHODES MENTALES

Notre cerveau fonctionne spontanément, suivant des procédés constants, et le résultat de ce travail est la formation de la mentalité spontanée. Or, nous venons de constater les défectuosités de celle-ci. Si donc nous voulons la modifier, ce ne pourra être que par les procédés mêmes qui ont servi à la former. Toute la différence consistera en ce que, consciemment, nous exciterons, ou, au contraire, contrarierons le travail cérébral. Tout revient, en dernière analyse, à connaître et à utiliser judicieusement notre activité mentale.

En quoi consiste celle-ci? En cinq procédés que nous avons déjà étudiés et qui sont : la *perception*, la *différenciation*, la *liaison*, l'*abstraction* et la *déduction :* notre cerveau *perçoit* des sensations ; *différencie* leurs éléments dissemblables les uns des autres ; les *lie* simultanément et successivement ; *abstrait* les éléments constants de la masse des éléments hétérogènes ; *déduit*, dans une chaîne de liaisons, la liaison directe entre les termes extrêmes, par l'élimination des liaisons intermédiaires.

Prenons l'un après l'autre chacun de ces procédés, et voyons en quoi consiste son passage de l'état implicite à l'état explicite.

PERCEPTION

Notre cerveau *perçoit* des sensations. Or, celles-ci sont les éléments de notre mentalité. La *perception* est donc bien la première activité spontanée.

Rappelons que la non perception est ce que nous appelons le sommeil, et que la tension spontanée de notre activité vitale vers les organes des sens et de la mémoire est l'état de veille. Quand nous sommes éveillés, nous *percevons spontanément* les impressions que le milieu exerce sur nous et les souvenirs que ces impressions éveillent dans notre mémoire. C'est là la forme spontanée de l'activité de perception.

Quelle en est la forme consciente ? l'*attention*. L'attention n'est rien autre, en effet, qu'une impulsion *voulue* de l'activité vitale vers tel ou tel ordre de sensations. C'est la perception, non plus spontanée et inconsciente, mais *voulue* et *consciente*.

Allons plus loin. Nous savons que l'activité vitale se manifeste de trois façons : par les sens, le cerveau et les muscles ; nous percevons, nous enregistrons, nous réagissons. Dès lors, il est facile de comprendre qu'à chacun de ces genres de manifestations correspondent, et un état spontané, et un état systématique. Pour les sens, nous venons de voir que l'*attention* est la forme consciente et voulue de la perception ; pour le cerveau, à l'état de veille, la *personnalité* est spontanément évoquée, par suite de la liaison directe et intime de cette synthèse mentale avec l'activité musculaire permanente exigée par la nutrition de nos organes, et il s'y lie les souvenirs, aussi spontanément évoqués sous l'action du milieu. Or, *se rappeler* est le rappel, non plus spontané, mais conscient, de faits enregistrés dans la mémoire. C'est la recherche voulue de tel ou tel ordre de souvenirs. On peut donc dire que *se rappeler* est la forme voulue et consciente de la perception des souvenirs.

Quant aux muscles, nous savons que toutes les formes d'activité musculaire de la vie de nutrition sont spontanées, que le cœur bat, les artères et les veines se contractent, l'estomac et les intestins digèrent sans que nous en ayons conscience ; que les muscles de la vie de relation fonctionnent d'une façon purement spontanée chez l'enfant, qu'il s'agite sans but, gazouille sans raison et qu'il évacue sous la seule impulsion des besoins. L'activité spontanée, inconsciente, de notre système musculaire est donc bien manifeste.

Au contraire, quand nous faisons un effort musculaire déterminé, en le *voulant*, nous exerçons une activité consciente. Nous pouvons donc dire que la *volonté* est la forme consciente et voulue de l'activité musculaire.

De ces trois ordres d'activité consciente et voulue, l'activité musculaire devait forcément s'imposer la première à l'observation, car, à l'état de veille, il y a toujours tension spontanée continue de l'activité vitale vers les sens et vers le cerveau, tandis que le système musculaire de la vie de relation est au contraire généralement inactif. L'activité voulue s'y traduit dès lors par un changement complet d'état, tandis qu'elle ne se manifeste dans les deux autres cas que par une variation d'intensité dans l'action exercée. Aussi les mots *vouloir* et *volonté* servent-ils à exprimer l'action consciente et voulue de l'individu, non seulement au point de vue musculaire, mais aussi au point de vue général. Nous disons que la *volonté* est l'impulsion *voulue* et *consciente* de l'énergie vitale vers les sens, le cerveau et les muscles.

De ces trois ordres d'activité, l'attention et le rappel des souvenir seuls nous intéressent actuellement, et maintenant que nous avons établi leurs rapports avec l'activité générale, nous allons spécialement nous en occuper.

Le langage a, dans la plupart des cas, consacré les deux états, spontané et conscient, de la perception, en affectant à chacun d'eux un mot spécial : Voir et regarder, sentir et flairer, entendre et écouter, etc... De plus, l'ensemble des activités sensorielles voulues a été dénommé *observation*, et les sciences qui ont spécialement pour base l'observation des faits s'appellent *sciences d'observation* (astronomie, physique).

Il est certain que nous percevons mieux un fait quand nous l'observons que lorsque nous nous contentons de l'enregistrer passivement. Il faut remarquer de plus que, même en observant, la certitude et la précision des renseignements varient avec chaque sens. L'œil est, incontestablement, le premier de tous. La richesse et la précision des renseignements que nous percevons d'un regard dépassent de beaucoup ce que peut nous donner un son ou une pression. Ajoutons que, des six éléments que comporte toute sensation visuelle (intensité, couleur, forme, mouvement, nombre et durée), la couleur et surtout la forme comportent seules une grande précision.

Aussi les classifications des formes visuelles sont-elles les plus complètes. Les formes géométriques des corps s'imposent d'elles-mêmes à notre attention et les arts qui en dépendent sont de tous les plus avancés. Sculpture, peinture, dessin, écriture, ont atteint une très grande perfection.

Il était dès lors naturel de chercher à ramener à des observations de formes visuelles les autres sensations, ainsi que les autres éléments du même sens. Ce résultat fut obtenu en déterminant des relations constantes, d'ailleurs naturelles ou artificielles, entre des formes visuelles et des éléments d'un autre ordre. C'est ainsi que :

1° Par l'invention des chiffres et de la numération, l'arithmétique put se développer, tandis qu'elle resta toujours rudimentaire tant qu'on ne spécula que sur des unités mises bout à bout. On comprend en effet qu'il est autrement facile de se représenter les nombres 32 ou 57 quand ils sont écrits sous l'une des deux formes (trente-deux, cinquante-sept — 32, 57), que quand ils sont formés par des unités mises les unes à la suite des autres.

2° L'étude du mouvement ne put être sérieusement instituée que le jour où la forme de celui-ci fut représentée par une ligne courbe ou rectiligne. Il y eut alors remplacement de sensations visuelles successives par une sensation visuelle à éléments simultanés. Les mouvements des corps célestes n'auraient peut-être jamais été déterminés si on n'avait eu l'artifice de les représenter par des courbes progressivement rectifiées, partant de l'épicycloïde pour aboutir à l'ellipse.

3° La durée n'aurait jamais pu être évaluée si elle n'avait été assimilée à ses divisions en périodes plus ou moins longues par la répétition de phénomènes égaux en temps (jours, phases lunaires, années), divisions permettant l'emploi des chiffres et par conséquent leur dénombrement.

4° La gamme constitue une des plus belles créations de l'humanité, par la transformation de presque tous les éléments auditifs en un ensemble de formes visuelles. Les

variations d'intensité y sont marqués par des signes (> <)
ou des mots (piano, forte, etc.); les variations de hauteur
par la position des notes; les variations de durée par la
forme des notes et par d'autres mots (lento, allegro, etc...);
les variations de nombre par la multiplication verticale des
notes et des portées; le métronome permet de noter en
chiffres le nombre de temps à la minute (= 60); la relation trouvée entre les sons et les vibrations permet d'apporter la même précision dans la classification des sons et
la détermination des timbres, en ramenant des relations
sonores à des relations numériques, c'est-à-dire de formes
visuelles.

5° La relation constante découverte entre les poids et les
volumes a permis de ramener la recherche des pressions
à celle des volumes; par les balances nous transformons la
détermination de pressions égales en celle du mouvement
du fléau ou de l'aiguille, sensation visuelle; grâce à la création d'un étalon de poids, nous substituons à la recherche
d'inégalités de pressions celle d'inégalités de nombres. Enfin,
le baromètre permet de ramener la mesure de la pression
de l'atmosphère à un phénomène de forme visuelle.

6° La relation constante découverte entre les variations
de la température et la dilatation des corps a permis de ramener, par les thermomètres et les pyromètres, l'étude des
chaleurs à celle de hauteurs, formes visuelles.

7° L'électricité, cette science si nouvelle, a atteint d'emblée le degré de précision nécessaire à son développement
par le double établissement d'un étalon (transformation
numérique) et d'instruments de mesure : galvanomètres,
volt-mètres, ampère-mètres (transformation visuelle).

8° La création des graphiques, établissant une liaison
artificielle entre les variations de phénomènes quelconques,
représentées par des nombres, et des lignes déterminées,
permet d'étendre à tout ce que nous voulons la transformation visuelle. C'est ainsi qu'une simple ligne représente
clairement les variations des naissances, des décès, de la
température, de la pression, alors que dans les chiffres
qu'elle remplace l'esprit humain n'aurait souvent rien su
discerner.

9° Enfin, la transformation visuelle nous permet de découvrir des ordres spéciaux d'activité que nos sens ne nous font pas connaître. Tel le magnétisme que décèle l'aiguille aimantée par ses mouvements spontanés, tels les rayons X que décèle la plaque sensible. Il est probable que si les saveurs et les odeurs sont encore imparfaitement connues, cela tient à ce que nous n'avons pas encore su leur découvrir ou leur créer des relations avec des formes visuelles.

Et si nous voulons pousser plus loin nos investigations, nous voyons que le *langage* et les *symboles chimiques* ne sont que des transformations visuelles de relations entre corps simples, que les *signes* et le *langage algébriques* ne sont que la transformation visuelle de relations liant entre elles les quantités observées, et que la *langue écrite* n'est que la transformation visuelle des sons élémentaires du langage, les *mots* que la représentation visuelle de toute la synthèse mentale liée à chacun d'eux, les *phrases* que la traduction visuelle de notre activité mentale.

Mais la vision, elle-même, a été perfectionnée. Les instruments d'optique, d'une part, en concentrant beaucoup plus de rayons que ne peut le faire notre œil, rendent les objets plus lumineux et, partant, plus perceptibles et plus précis ; d'autre part, en agrandissant l'image, nous permettent de percevoir des corps qui par leur petitesse échappent à toute observation directe.

L'ensemble de tout ce qui précède constitue le perfectionnement de notre observation. Perfectionnement subjectif pourrons-nous dire, car il a pour but d'améliorer nos sens. Et si maintenant nous voulons améliorer l'objet observé, nous constituons une seconde partie de la méthode d'observation : *l'expérimentation.*

Celle-ci consiste à produire artificiellement un phénomène dans les meilleures conditions possibles d'observation et à le répéter à volonté tant que nous n'en avons pas extrait tout ce que nous voulons.

Il est facile de comprendre combien les phénomènes qui purent être ainsi étudiés durent être plus rapidement déterminés que ceux où toute intervention active nous était impossible. L'astronomie où nous sommes réduits à la pure observation, où tous les mouvements sont soustraits à notre influence, malgré son incomparable simplicité, n'a

reçu sa constitution définitive que dans les temps modernes, bien qu'elle fût naturellement basée sur. la vision.
La détermination de la durée exacte de l'année date à peine
de quelques siècles et, de nos jours encore, les astronomes
utilisent soigneusement toute occultation solaire ou plané-
taire pour la rectification de leurs calculs. L'étude de
l'atmosphère et de ses mouvements par suite d'une
grande complication des phénomènes immodifiables est
très difficile à effectuer; la météorologie est une science
toute moderne et bien incomplète. Enfin, la conception des
lois sociales et des Êtres sociaux date d'hier et est encore
fort discutée, tellement la simple observation sociologique
est difficile à instituer.

Aussi l'*expérimentation* constitue-t-elle pour nous un
procédé d'observation d'une puissance et d'une portée considérables. Pouvoir répéter un phénomène toutes les fois
que c'est nécessaire, pouvoir le reproduire dans les conditions où son observation est la plus aisée, ne faire varier
que les éléments observés en empêchant toutes les complications qui rendent si difficile l'observation pure, modifier la vitesse ou l'intensité des phénomènes de façon à les
rendre facilement observables, c'est grâce à ces procédés
que les sciences physique et chimique, nées d'hier, purent
se développer avec une rapidité extraordinaire.

Dans l'étude des propriétés générales et de la nature
des corps, la grande difficulté fut d'instituer les recherches
d'une façon positive; mais, ce premier pas franchi, les
découvertes s'accumulèrent avec une rapidité extrême. On
ne peut se rappeler sans étonnement que le premier rudiment de pile électrique fut construit par Volta en 1800 et
que de là sortit toute l'électricité actuelle avec ses admirables applications pratiques, télégraphes, téléphones,
moteurs puissants, galvanoplastie, éclairage, etc... C'est,
on peut le dire, l'un des plus grands exemples du rôle
considérable de l'expérimentation, puisque l'électricité
dynamique et l'électro-magnétisme ne nous sont mani-
festés d'aucune façon par le monde extérieur et que tout ce
que nous avons découvert ne l'a été que dans les innombrables expériences artificielles de tout ordre qui ont suivi
celle de Volta.

En résumé, nous voyons combien la forme consciente et voulue de l'observation a été plus puissante pour la découverte de la vérité que sa forme spontanée, et quelle puissance d'investigation nous devons aux deux méthodes, subjective et objective, qui en découlent : l'*observation* et l'*expérimentation*.

Nous venons d'étudier la transformation subie par les perceptions sensorielles. Nous avons à voir maintenant en quoi consiste la même transformation pour la mémoire.

Nous savons que la mémoire est l'ensemble des souvenirs et de leurs liaisons, que toute sensation perçue rappelle le souvenir de la sensation identique antérieurement perçue et, avec lui, ceux qui y sont liés. C'est là le mécanisme spontané du souvenir, c'est-à-dire le procédé employé par notre cerveau pour rendre à nouveau présents les souvenirs endormis. Il est évident qu'il n'est pas à notre portée de le changer. Tout ce que nous pouvons faire, et ce que nous faisons, c'est de choisir le souvenir à évoquer et, par lui, de faire surgir ses liaisons.

Prenons un exemple. Toutes les fois que nous voyons une personne avec laquelle nous sommes intimement liés, la sensation visuelle que nous percevons en la regardant rappelle le souvenir des sensations visuelles identiques antérieurement perçues et, en même temps, tous les souvenirs qui y sont liés ; si nous ne la voyons pas mais que nous l'entendions, la perception du son de sa voix rappelle le souvenir des sons semblables enregistrés dans la mémoire et, par lui, ceux qui y sont liés. Il en est de même à la vision et à l'audition de son nom. En un mot, à la perception d'une sensation semblable à l'un des éléments d'une synthèse mentale, il y a rappel de cette synthèse elle-même.

Mais, pour faire surgir celle-ci, nous voyons qu'il faut la perception d'une sensation. Or, nous n'en percevons une que lorsque la cause qui la produit agit sur nous. Le rappel spontané des souvenirs est donc, en dernière analyse, subordonné à l'action de ces causes. Si nous ne voyons ni n'entendons notre ami, si nous ne lisons pas son nom, si personne ne le prononce auprès de nous, si, en un mot, rien dans le monde extérieur ne vient rappeler l'un des éléments de la synthèse mentale qui le représente, celle-ci ne surgit pas.

Dès lors, la forme active du souvenir consistera à ne pas attendre une action extérieure pour faire surgir un souvenir, mais à évoquer celui-ci par notre propre volonté, à l'instant où nous le voulons, à faire un *effort* conscient et voulu vers lui. Et par quel procédé? en faisant surgir *consciemment* de notre mémoire l'un des éléments de la synthèse désirée, lequel, agissant à son tour comme dans son rappel par une sensation, évoque spontanément le souvenir de ce que nous cherchons.

C'est ainsi que si je rencontre une personne à qui j'ai une communication à faire, *je cherche* dans mon souvenir ce que j'ai à lui dire et pour cela *j'évoque successivement tous les éléments de temps, de lieu, de personne que je suppose liés à ce souvenir oublié:* « On m'avait chargé de vous dire quelque chose, mais je ne me rappelle plus quoi. Voyons... quand était-ce?... Ah! c'était samedi dernier; j'ai vu à une réunion une personne qui m'a parlé de vous, un nommé M... M...; le nom ne me revient pas. Vous savez bien, un monsieur d'une quarantaine d'années, grand, mince, qui porte toute la barbe: *il me semble que je le vois encore...* Ah! M. Duval, et je me rappelle *maintenant*, qu'il m'a dit de vous remercier de la photographie que vous lui avez envoyée. » Nous voyons dans cet exemple banal l'activité *voulue* rappelant le souvenir de la physionomie de l'interlocuteur pour faire surgir tout ce qui y est lié.

Voyons maintenant ce qu'est cette *volonté* qui a le pouvoir d'évoquer les souvenirs, au même titre que les sensations.

La *volonté* est une impulsion de l'énergie vitale due au concours d'un certain nombre de sentiments. C'en est en quelque sorte la synthèse. Or, nous savons que les sentiments sont formés d'un bloc de souvenirs liés à une impulsion vague. La vigueur de leur action totale dépend donc de la quantité d'énergie vitale que chacun impulsionne.

Quelle que soit l'énergie de la volonté ainsi produite, trois chemins s'offrent à elle pour se dépenser : sensations, souvenirs ou réactions. Quand elle se dirige vers les souvenirs, comme dans l'exemple précédent, elle les évoque, les faits revivre, et provoque les mêmes phénomènes que quand la reviviscence est due à la perception d'une sensation.

On saisit bien le mécanisme : quand une sensation provoque l'éveil du souvenir semblable à elle, on appelle ce phénomène *évocation spontanée*, quand ce même souvenir est évoqué par l'action d'une synthèse de sentiments, on appelle ce nouveau cas *évocation consciente et voulue*. Dans le premier l'impulsion est extérieure, dans le deuxième elle est intérieure.

Ajoutons que l'action interne est presque continue. A l'état de sommeil, l'activité vitale est à son minimum. Les sens ne perçoivent pas, la conscience est abolie, les muscles de la vie de relation sont au repos. Seule, la synthèse de la vie de nutrition fonctionne toujours, puisque sans elle le cœur cesserait de battre, le sang de circuler, les poumons de respirer et que la vie s'éteindrait. Mais l'impulsion vitale, même dans ce système, diminue. Il est d'observation constante qu'en l'état de santé, pendant le sommeil, le cœur bat plus lentement, la respiration est ralentie, la chaleur vitale diminuée. Au réveil, il se produit dans tout cet ensemble un surcroît d'impulsion et la circulation s'accélère. Il est facile d'en conclure que l'impulsion vitale y a augmenté et de prévoir qu'elle va envahir parmi les instincts, les sentiments et les souvenirs de la vie de relation, ceux qui y sont le plus intimement liés. C'est en effet ce qui a lieu et cette dernière activité est justement ce que nous appelons la *conscience*, l'état conscient. C'est pour cette raison que dès l'éveil se présentent spontanément à notre esprit : 1° le souvenir des derniers actes qui ont précédé le sommeil, comme étant le plus récent ; 2° les souvenirs qui ont fortement occupé notre pensée la veille, comme étant les plus intenses ; 3° les sentiments puissamment agités chez nous avant le sommeil, soit par le rappel des causes qui les réveillèrent, soit par la continuation des impulsions qu'ils déterminèrent ; 4° enfin les instincts liés à l'éveil, tel celui qui nous fait sauter à bas du lit encore ensommeillés. La combinaison de ces quatre rappels spontanés produit une activité cérébrale absolument indépendante des sensations ultérieures et sur laquelle celles-ci agissent comme modificatrices pour la faire varier dans tel ou tel sens. En fait, l'impulsion vitale vers les souvenirs est constante pendant la veille et elle fait surgir ceux qui sont momentanément les plus intenses, soit comme étant les derniers enregistrés ou les derniers rappelés, soit comme faisant partie de sentiments ou d'instincts puissants. Et chacun de ces souvenirs, suivant qu'il est lié à des impulsions plus ou moins énergiques, détermine une activité d'une intensité correspondante qui, suivant qu'elle concerne les souvenirs, les sens ou les muscles, porte, suivant les cas, le nom de rappel *voulu* des souvenirs, observation *voulue* du monde, effort *voulu* exercé sur le milieu.

On comprend maintenant l'importance considérable de cette vue précise sur la mentalité, car le problème de l'Éducation s'y pose en entier. L'activité volontaire n'étant que l'activité des instincts et des sentiments de l'individu, toute l'action sociale sur celui-ci se borne à modifier ses sentiments et ses instincts, à diminuer ou détruire les mauvais, à augmenter ou à créer les bons. Par ces moyens nous modifions les motifs d'agir et, par conséquent, toute l'activité. Nous ne modifions pas l'énergie vitale de l'individu, mais nous modifions l'emploi de cette énergie vitale.

En résumé, l'évocation spontanée des souvenirs se fait par les sensations, l'évocation consciente et voulue se fait par les sentiments. Il est facile de se rendre compte de l'immense différence qui sépare les résultats de ces deux modes de commémoration. Le rappel des souvenirs sous l'action des sensations est la base de la mentalité spontanée, leur rappel sous l'action des sentiments est la base de la mentalité systématique. Dans le premier cas, dépendance étroite de l'individu envers le milieu, mentalité incomplète, car l'action incohérente du milieu ne le fait percevoir que très imparfaitement, rectification insuffisante. Dans le second cas, au contraire, action de l'individu sur lui-même par le jeu normal de ses sentiments et de ses instincts, qui, par leur fixité même, déterminent une activité coordonnée et suivie. Et quand parmi ces sentiments certains ont une puissance prépondérante, ils provoquent un développement énorme et continu de l'activité dans la direction qu'ils déterminent.

C'est grâce à ce dernier procédé que purent être effectuées les découvertes capitales. C'est parce que le sentiment profond des nécessités sociales d'une époque impulsionne des individualités de plus en plus nombreuses que surgit enfin celui qui, à ce sentiment, joint une claire compréhension des problèmes soulevés et détermine les procédés de leur résolution : l'homme de génie. C'est par le sentiment profond de la nécessité de la vérité, de l'importance capitale de leurs découvertes, que les Descartes, les Galilée, les Newton, les Lavoisier et les Auguste Comte créèrent des sciences nouvelles. C'est, en un mot, grâce à l'évocation de plus en plus consciente et coordonnée, de mieux en mieux dirigée de nos souvenirs, que s'est effectuée toute l'évolution mentale de notre espèce. La belle formule de Vauvenargues : « les grandes pensées viennent du cœur, » n'est que l'expression, sous une forme parfaite, de l'impulsion sentimentale des activités mentales conscientes, voulues et coordonnées.

DIFFÉRENCIATION

Notre cerveau sépare spontanément les éléments différents d'une même sensation.

L'état conscient et voulu de cette activité consiste à rechercher si deux éléments quelconques sont identiques ou différents, à les *comparer*. Si donc nous appelons *analyse* la séparation des éléments différents, la *comparaison* sera la méthode, le procédé employé pour y arriver.

Les différences dans les résultats obtenus par la *comparaison*, nous donnent les notions d'*égalité* et d'*inégalité*. Ce sont du reste là deux phénomènes que nous observons spontanément. Mais la transformation profonde que l'évolution sociale leur fit subir tint à la constatation que, de ces deux rapports, celui d'égalité, seul, donne quelquefois des résultats précis.

Nous avons vu, en effet, que nos sens ne nous donnent qu'une idée imprécise de la relation qui existe entre deux éléments différents de la sensation. Aussi l'évolution mentale a-t-elle eu pour but de ramener l'imprécis au précis, la comparaison d'inégalité à celle d'égalité.

C'est ce qu'il est facile de constater. Si nous étudions d'abord les sensations visuelles, nous voyons qu'elles nous donnent à comparer des éléments différant en nature, en intensité, en durée, en nombre, en étendue et en mouvement.

A l'état systématique la différenciation de *nature* des sensations visuelles s'effectue par le même procédé qu'à l'état spontané; mais, de plus, nous rappelons consciemment des souvenirs enfouis dans la mémoire et que la sensation perçue ne faisait nullement surgir. Nous étendons ainsi d'une façon considérable le champ des comparaisons.

La comparaison des *intensités* lumineuses donne des résultats précis depuis que, par le choix d'un étalon d'intensité, les inégalités ont pu être ramenées à des égalités. Quand nous comparons l'éclat d'une lampe à celui d'une bougie, nous voyons bien que le dernier est le moins intense, mais nous ne pouvons dire quel est le rapport qui existe entre les deux intensités. Si nous augmentons le nombre des bougies jusqu'à ce que l'intensité totale de leur lumière égale celle de la lampe, et que nous constations qu'il a fallu douze bougies, nous dirons que l'éclat de chacune de celles-ci est douze fois moins intense que celui d'une lampe, rapport fort précis, comme on le voit. Or, pour obtenir ce résultat, nous avons : 1° *ramené la comparaison d'inégalité à celle d'égalité* ; 2° *ramené la comparaison des intensités à une comparaison de nombres.*

Ce sont là les deux tranformations capitales qui nous permettent d'introduire la précision dans tous les rapports où la différenciation spontanée nous donnait des résultats certains mais imprécis.

L'observation de la *durée* est devenue précise quand elle put être ramenée à des observations de nombres. Il est facile de voir que la comparaison entre les durées a suivi la même marche, car l'introduction des chiffres a permis de ramener la comparaison d'inégalité à celle d'égalité. Ce fut la transformation nécessaire pour la comparaison précise des durées dans les mouvements planétaires, pour déterminer que l'année dure autant que 365 jours 1/4 et la lunaison autant que 29 jours 1/2, pour la division des jours en heures, minutes, secondes, etc.

La comparaison des *nombres* ne donna des résultats précis que lorsque les inégalités purent être ramenées à des égalités par l'invention de la numération. Alors que le chef sauvage dit simplement que sa troupe était bien plus nombreuse que celle des étrangers, le commandant européen précise en disant qu'il eut, avec 20 hommes, à combattre contre 100 indigènes. Dans le premier cas, inégalité certaine, mais vague. Dans le second cas, inégalité précisée par la double relation de 20 à 1 et de 100 à 1, permettant de déduire facilement que les indigènes étaient cinq fois plus nombreux que les Européens.

Les *étendues* visuelles comprennent des volumes, des surfaces et des lignes. L'étude des volumes a été ramenée à celle de surfaces, d'angles et de lignes ; l'étude des surfaces a été ramenée à celle d'angles et de lignes ; l'étude des angles a été ramenée à celle de lignes. Nous voyons qu'en définitive tout a été ramené à des comparaisons de lignes. Il a suffi ensuite que les comparaisons entre lignes, angles, surfaces et volumes, fussent ramenées à des comparaisons numériques, par le choix d'un étalon approprié, pour que la science de l'étendue acquière sa constitution définitive. Au lieu de dire Pierre : est grand, ce qui est vague, si l'on dit : Sa taille égale 1^m78, on en a de suite une idée précise ; si je dis que j'ai une glace de moyenne grandeur, cela n'éveille aucune idée nette, mais, si j'ajoute qu'elle a 1^m carré, j'éveille au contraire une idée précise de son étendue ; enfin : « un petit tonneau de vin » est un volume imprécis, qui devient au contraire très net si l'on ajoute : « de soixante litres. » En fait, dans nos sociétés civilisées, la mesure précise de l'étendue est à la base de toutes nos institutions, depuis la mesure des terrains jusqu'à celle du diamètre des fils métalliques, depuis la mesure du volume des matériaux de nos constructions jusqu'à celle si précise des éléments de nos machines et instruments divers.

Enfin, la comparaison des *mouvements* visuels a été incomparablement facilitée par la représentation, par des lignes, des espaces successivement parcourus, ce qui a permis de faire bénéficier l'étude du mouvement de tous les perfectionnements introduits dans l'étude des lignes.

L'étude des *sons* a pu acquérir la perfection que nous lui connaissons dès que le timbre fut ramené à une simultanéité de sons spéciaux (harmoniques),et les sons eux-mêmes à des nombres de vibrations. Dès lors, la comparaison numérique a permis de donner à la gamme sa constitution si précise et si parfaite. Par contre, l'intensité musicale est restée vague par suite du manque d'un étalon, et bien que dans une certaine mesure l'intensité moyenne de la voix humaine en tienne lieu. La comparaison entre ses inégalités n'a pu être ramenée à la comparaison d'égalité, et les mots qui servent à l'exprimer (piano, forte, dolce, pp.), sont traduits différemment suivant les tempéraments. Il en était de même pour les termes lento, allegretto, presto, etc. avant l'invention du métronome, et la comparaison de ces deux modes de mesure de la durée des sons permet de saisir sur le vif la précision que l'introduction d'un étalon apporte à la comparaison d'éléments de même ordre. En somme, la division de la mesure en parties rigoureusement précises (rondes, blanches, noires, croches, etc...), puis l'indication numérique du nombre de temps de chaque mesure (C, $\frac{2}{4}$, $\frac{3}{8}$, etc...), enfin la durée du temps lui même mesurée par le métronome, permettent à chaque exécutant d'un orchestre de faire sa partie sans qu'il se produise la plus légère incorrection.

Si maintenant nous passons aux odeurs et aux saveurs, nous voyons combien leur état encore primitif rend rudimentaire leur comparaison. L'incapacité où nous sommes de les ramener à des observations de nombres fait qu'aucune précision n'existe dans leur étude. Seules quelques classifications sont établies d'après l'origine (odeurs de roses, de violettes, empyreumatiques, etc...), (saveur sucrée, salée,etc...) ou d'après les effets produits (odeurs et saveurs agréables, désagréables, piquantes, etc...).

Quelle différence avec les sensations de pression, de calorition et d'électrition que nous allons maintenant examiner.

Qu'y a-t-il de plus confus qu'une comparaison spontanée entre deux pressions subies ! Si j'ai un poids sur chaque main, il me sera bien difficile de dire s'ils sont égaux, et je ne m'apercevrai de leur différence que si celle-ci devient très grande.

Mais par l'établissement d'un étalon de poids et la création capitale de la balance, qui permet de déterminer le poids de l'étalon égal à celui du corps pesé, les deux conditions de perfectionnement se trouvent remplies : un étalon, et comparaison numérique d'égalité.

Et nous voyons de suite les immenses services rendus journellement par cette précision introduite dans la mesure de l'intensité des pressions ; le prix de presque tous les éléments de notre nutrition basé sur leur poids ; la détermination de la résistance des matériaux de toute construction par la prévision des pressions à supporter, etc...

La pression de l'air put être étudiée à l'aide du baromètre le jour où la relation constante entre son intensité et la hauteur d'une colonne liquide fut mise en lumière, transformant en sensation d'étendue visuelle, avec toutes ses conséquences de perfectionnement, une sensation si obscure : la pression de l'air sur notre épiderme.

La durée des pressions fut ramenée à la durée des contacts, sensation visuelle ; leur forme à celle des surfaces en contact, etc...

Les intensités de températures sont de même très difficiles à observer spontanément. On sait bien si ce qu'on touche est chaud ou froid, mais si j'ai un objet dans chaque main, il faut que la différence de température soit assez considérable pour que j'en aie conscience. De plus, notre température propre variant dans d'assez larges limites, il arrive que je trouve chaud un corps que je touche quand ma main est froide, tandis que je le trouve froid dans le cas contraire. Les conditions de la comparaison spontanée sont, comme nous le voyons, très imparfaites.

La transformation systématique put être opérée quand on s'aperçut qu'il y avait une relation constante entre la température d'un corps et son volume et qu'on utilisa cette propriété en créant les thermomètres et les pyromètres. Dès lors l'observation thermique fut remplacée par une observation d'étendue visuelle, et par la création de l'étalon « degré », la comparaison d'égalité put être instituée en même temps que la transformation numérique.

Grâce à ces deux transformations, l'étude des intensités calorifiques put atteindre au même degré de précision que celle des pressions. Pour caractériser d'un trait cette transformation capitale, il suffit de remarquer que notre propre température était l'étalon de mesure, étalon variable, tandis qu'actuellement elle n'est qu'un des éléments déterminés par l'étalon extérieur, ce qui nous a permis d'observer d'une façon précise ses variations et par là même notre état de santé ou de fièvre.

Les avantages dus à cette transformation sont extrêmement importants : détermination précise de la température à laquelle un corps passe de l'état solide à l'état liquide, de l'état liquide à l'état gazeux ; constatation que cette température est constante pour chaque corps, détermination des variations de température dans chaque climat, établissement des lignes isothermes, etc.

Les connaissances précises sur l'électricité, d'une perception si rare et si imparfaite, ont acquis d'emblée un développement extraordinaire par la création rapide d'un étalon et la transformation par les électromètres et les galvanomètres de ces sensations si obscures en sensations visuelles. L'électricité peut bien être considérée comme une science entièrement due à notre raison systématique, puisque son observation est purement expérimentale et que l'étude de ses variations a été dès le début ramenée à des observations visuelles.

Or, nous voyons par la place de plus en plus prépondérante qu'elle occupe dans l'industrie, les immenses avantages que nous devons à son étude et par conséquent à la transformation systématique de notre raison.

Si, enfin, nous entrons dans le domaine de l'énergie vitale, cette sensation fournie par nous-même, nous voyons que tout y est encore à l'état embryonnaire. C'est là la science, non d'hier, mais de demain. Car je ne pense pas qu'avant le présent travail, l'énergie ait jamais été érigée en sensation propre et que ses caractères fondamentaux aient été établis. C'est ce qui explique l'état si défectueux de nos connaissances à son sujet.

Des trois ordres d'activité par lesquels elle se manifeste à nous (sensible, coordinatrice, réactive), le troisième seul a subi, dans une certaine mesure, la double transformation de comparaison systématique. Nous savons, en effet, que l'*effort* musculaire, c'est-à-dire la perception d'une action de l'énergie vitale sur le système musculaire, est mesuré par la pression qu'il annihile, et que, par conséquent, la mesure de celle-ci est sa mesure même. Dès lors, la balance, transformation visuelle des pressions, est en même temps la transformation visuelle des efforts égaux à ces pressions.

Néanmoins, il ne faut pas oublier que nous ne percevons là qu'une manifestation extérieure de l'énergie vitale, et que les résultats obtenus doivent être modifiés par tout un ensemble de considérations relatives à l'énergie totale du sujet, son développement musculaire, etc... Il y a là en fait toute une étude nouvelle à instituer, dont de nombreux éléments ont déjà été établis, mais qui gisent sans lien entre eux dans les diverses sciences où les hasards de leurs liaisons extérieures les ont fait étudier et enregistrer. C'est, dans l'ensemble de nos connaissances, une lacune d'autant plus fâcheuse que, comme elle intéresse directement notre vitalité, nos connaissances médicales et nos interventions thérapeutiques y gagneraient, semble-t-il, un développement considérable. Spontanément sentie, elle pousse du reste de plus en plus, de nos jours, à l'étude des phénomènes nerveux.

En résumé, nous voyons que la comparaison systématique se compose de deux activités conscientes et voulues :

1° Ramener la comparaison d'éléments sensoriels quelconques à la comparaison d'éléments de forme visuelle ;

2° Ramener les comparaisons d'inégalité à des comparaisons d'égalité par l'établissement d'une commune mesure.

Ce sont là les deux transformations nécessaires pour faire bénéficier des comparaisons quelconques de la précision la plus grande que puissent nous fournir nos sens : *comparaison d'égalité entre des étendues visuelles.* Ici, comme toujours, nous ne faisons que perfectionner l'ordre naturel en élevant simplement au niveau des plus parfaites les sensations les plus défectueuses.

Étudions maintenant le deuxième temps de la différenciation systématique : l'*analyse*.

Nous venons de voir que la comparaison nous permet de dire si deux éléments sensoriels sont semblables ou dissemblables, et, dans le second cas, de préciser souvent le degré d'inégalité.

Dans la différenciation spontanée, les éléments d'une même sensation sont séparés les uns des autres ; chacun est considéré comme un des éléments de la sensation perçue, un élément primaire, un élément indivisible.

Il s'ensuit que la masse des éléments mentaux spontanés est considérable. Le nombre des couleurs différentes que perçoit notre œil est immense ; le nombre de bruits différents que perçoit notre oreille est extrêmement grand ; il en est de même pour les différentes odeurs et pour les différentes saveurs.

Si nous étudions maintenant nos constructions mentales spontanées, nous voyons la même complexité s'y manifester : les différentes formes des corps sont infinies, le nombre des corps de nature différente est illimité.

La transformation systématique de l'analyse a consisté à rechercher si les éléments primaires qui nous sont fournis par la sensation (couleurs, sons, formes, etc...) ne sont pas des combinaisons variées d'éléments plus simples, et à déterminer quels sont ceux qui sont réellement indécomposables et qui servent à former les autres.

Ici encore, c'est le procédé spontané de séparation des parties qui est seul employé, étendu seulement à tous les cas où il est applicable, où la défectuosité de nos sens ne nous permettait pas de l'appliquer spontanément, et que les perfectionnements introduits dans la perception par l'observation systématique, l'expérimentation et la comparaison nous ont permis d'élucider.

Ces procédés nous ont fait voir qu'il n'y a en réalité que trois couleurs élémentaires (jaune, bleu, rouge), et que toutes les autres sont produites par leurs multiples combinaisons ; que les timbres musicaux ne sont que des combinaisons d'harmoniques peu nombreuses, que les accords sont des combinaisons multiples de sept sons élémentaires. Dans un autre ordre d'idées, la notion primaire d'*un*, d'*unité*, a été rendue relative par la création des décimales et des fractions. Enfin, l'extension de la même méthode d'analyse aux synthèses mentales nous a donné deux résultats d'importance capitale : le premier en décomposant tous les volumes en des pyramides, toutes les surfaces en des triangles, toutes les lignes en des lignes droites, et en ramenant la mesure de l'étendue, sous quelque forme que ce soit, à des mesures de lignes ; le second en faisant voir que tous les corps quelconques qui existent dans l'univers perçu, ne sont que des combinaisons plus ou moins complexes d'un très petit nombre de corps simples.

Il est facile de se rendre compte par ce qui précède de l'importance capitale qu'a eu pour l'homme la transformation du procédé spontané de *différenciation* en ses deux formes conscientes et voulues : la *comparaison* et l'*analyse* ; et si quelque chose peut sembler extraordinaire, c'est l'importance si grande des résultats obtenus avec des moyens d'une telle simplicité.

LIAISON

Notre cerveau lie spontanément les sensations simultanées et successives. C'est à ces liaisons qu'est due notre représentation mentale du monde extérieur, puisque c'est grâce à elles que se créent les êtres mentaux, reproduction plus ou moins parfaite des êtres extérieurs.

Nous avons vu combien cette liaison spontanée était imparfaite et défectueuse, notre cerveau liant ensemble des sensations qui n'ont d'autres rapports que d'avoir été perçues simultanément ou successivement.

La forme consciente et voulue de la liaison mentale s'appelle *synthèse*, et consiste à lier des éléments mentaux, après que la convenance et l'ordre des liaisons ont été établis. On voit que la transformation consciente de la *liaison* consiste à éliminer au préalable toute liaison qui n'existe pas dans la réalité, et à n'opérer que des liaisons exactes, d'ailleurs plus ou moins précises, suivant les cas.

Le perfectionnement secondaire apporté à la synthèse consiste à n'ajouter les liaisons qu'*une* à *une*, de façon à pouvoir étudier la synthèse à chaque échelon de sa formation.

C'est grâce à l'application de ces deux principes que la plupart des sciences expérimentales purent acquérir le développement qu'elles ont atteint de nos jours. Les combinaisons multiples de l'élément analytique *nombre*, étudiées dans l'ordre de leur complication progressive, constituent l'arithmétique ; les combinaisons multiples des rapports analytiques les plus simples entre des nombres quelconques (somme, produit, puissance, exposant, sinus), progressivement étudiées, constituent l'algèbre élémentaire, de même que le retour de la fonction dérivée à la fonction primitive ou intégration est le but synthétique de l'algèbre supérieure. La géométrie, la mécanique et la chimie, qui partent d'éléments analytiques si simples, nous donnent, grâce à une synthèse méthodiquement dirigée, des connaissances incomparablement plus précises et complètes que celles de la mentalité spontanée. Il y a entre les deux cas la différence qui existe entre les connaissances mentales d'un sauvage et celles d'un astronome, doublées de celles d'un chimiste.

Toutes nos constructions architecturales sont des synthèses géométriques, toutes nos machines sont des synthèses mécaniques, et l'innombrable quantité de corps chimiques qui sont créés et dont nous usons chaque jour, savon, soude, acides, alliages, etc..., sont des synthèses chimiques.

On peut dire que rien ne sort de la main de l'homme qui ne soit une synthèse ; le porte-plume dont je me sers, l'encrier où je puise, sont des synthèses de propriétés déterminées par leur fonction même : la plume est un corps élastique, suffisamment résistant, concave pour conserver l'encre, fendu pour la laisser passer, tenue par un porte-plume suffisamment léger, construit de façon à permettre de changer facilement la plume, etc..., bref, une synthèse de propriétés fort complexes. En fait, la *synthèse* est la méthode même de l'art humain.

ABSTRACTION

Nous connaissons la genèse de l'abstraction spontanée. Produite par l'accroissement d'intensité acquis par les enregistrements mentaux qui sont le plus fréquemment évoqués, soit naturellement par la répétition des sensations qui les ont déterminés, soit artificiellement par une évocation interne, l'abstraction spontanée consiste en ce que, sous cette double influence, certains enregistrements mentaux deviennent plus importants que les autres, surgissent en quelque sorte au-dessus d'eux, et, en fait, sont abstraits de la masse mentale.

C'est de cette façon que se forment spontanément, dans le cerveau des animaux supérieurs, dans celui de l'enfant et dans celui du sauvage, les idées abstraites d'homme, de cheval, d'arbre, etc...

Examiné en lui-même, ce procédé consiste simplement en la comparaison spontanée entre des synthèses, semblables à quelques égards, dissemblables à d'autres, et en le renforcement des parties semblables, renforcement les détachant en quelque sorte des synthèses auxquelles elles sont primitivement liées pour les constituer en une synthèse nouvelle. Nous avons vu, en mentalité spontanée, comment le profil caractéristique du cheval se détachait des différences secondaires de grandeur, de couleur, d'allure, de position qui caractérisent chacun d'eux, se liait au nom enfantin *dada*, commun à tous, et était reconnu immédiatement par l'enfant, même sous l'apparence d'une grossière silhouette. Inutile donc d'y revenir bien que ce soit là l'une des activités principales de la mentalité spontanée, celle grâce à laquelle notre cerveau est autre chose qu'un amas confus de matériaux, la seule qui nous fasse acquérir une idée précise de la réalité, puisqu'elle renforce et fait surgir les caractères constants propres au milieu où nous vivons.

Mais, à cause même de cette importance, il est facile de se rendre compte combien les lacunes de l'abstraction

spontanée peuvent nous être préjudiciables. L'abstraction
spontanée involontaire, c'est-à-dire celle qui se fait à la
perception de sensations rappelant des synthèses antérieures, n'a lieu en effet que par la comparaison entre éléments successifs, laissant par conséquent dans l'ombre la
comparaison entre éléments simultanés et empêchant ainsi
l'abstraction des éléments qui leur sont communs ; d'autre
part, des caractères constants ne peuvent surgir quand
la répétition des sensations qui les contiennent n'a lieu que
très rarement.

Il s'ensuit que notre cerveau ne contient spontanément
qu'une partie de la réalité, partie variable avec chaque
individu, selon les milieux où il évolue, mais bien inférieure à ce qu'exigerait une bonne direction de notre activité.

Pour remédier à cet état de choses, d'une part nous ramenons la comparaison entre éléments simultanés à la
comparaison entre éléments successifs, d'autre part
nous nous contentons d'une seule comparaison pour abs-
traire les éléments communs.

Si je compare les feuilles d'un même arbre, j'en examine
d'abord une, j'en observe la forme, la division en limbe
et en pétiole, la couleur verte, puis j'en examine une
autre que je superpose ainsi à l'image de la première, puis
une troisième, une quatrième, etc.., et j'en conclus qu'elles
ne sont pas de même grandeur, mais qu'elles sont de formes semblables et de même couleur. Si maintenant je veux
les comparer aux feuilles d'arbres différents, je constate que
la forme change, et je dis seulement que les feuilles des arbres
sont vertes et qu'elles se composent d'un limbe et d'un
pétiole.

Si l'on me présente trois ou quatre animaux d'une espèce
inconnue dans nos climats, des autruches par exemple, j'en
observe attentivement une, j'en note la longueur des pattes,
du cou, la grosseur du corps, la forme de la tête, j'examine
ensuite chacune des autres en la comparant à la forme
mentale que je viens d'établir ; je note les concordances :
longueur des pattes et du cou, grosseur relative ; je note
les différences, de couleur par exemple, et je ne conserve
dans le type abstrait, que je construis, que les caractères que

j'ai trouvés chez toutes. Dès lors, ce type « autruche » est aussi fixé dans ma mentalité que le type cheval par exemple, bien que les comparaisons aient été peu nombreuses et que la perception totale n'ait duré qu'un quart d'heure.

Qu'ai-je donc fait en ces différents cas? Simplement ramené des perceptions simultanées à des perceptions successives, puis fixé définitivement des concordances dès leur première perception. En un mot, je me suis contenté de ramener au fonctionnement spontané du cerveau les comparaisons qui y échappaient et ensuite j'ai donné, dès le début, l'intensité voulue aux liaisons trop faibles ou trop peu répétées.

L'abstraction spontanée est en quelque sorte le choix fait, sous l'influence du milieu, entre les synthèses mentales ; l'abstraction systématique est le complément, le perfectionnement et la rectification, sous des impulsions intérieures, de ce choix spontané.

Nous pouvons dire que tout ce qui compose notre entendement, c'est-à-dire l'ensemble plus ou moins coordonné des connaissances mentales, est l'abstraction, d'ailleurs spontanée ou volontaire, d'un certain nombre de synthèses ou d'éléments mentaux de l'infinie variété des enregistrements cérébraux. La multiplicité des sensations de toute nature que nous percevons à chaque instant est infinie ; elles se succèdent avec une rapidité inouïe et la partie que nous en conservons dans le souvenir, qu'est-elle en comparaison? Presque rien. Nous pouvons donc dire avec raison que l'abstraction est le procédé même de formation de notre mentalité, c'est-à-dire des connaissances plus ou moins précises que nous avons sur le monde, l'homme et la société.

Les connaissances précises que nous avons sur une personne ou sur une chose déterminée ne sont que des synthèses d'éléments, abstraits du milieu avec lequel ils ont été perçus. Dans la construction mentale de sa mère, l'enfant a abstrait spontanément les formes visuelles, dont la synthèse constitue son image, des autres formes perçues chaque fois ; la couleur de son visage et de ses habits des couleurs perçues simultanément, le son de sa voix des bruits perçus, soit en même temps, soit avant ou après. Plus tard, il y ajoute les synthèses si complexes de sa bonté, de son affection, de sa force, etc...

Ce que nous appelons les propriétés des corps ne sont que les synthèses de propriétés communes à certains corps et considérées abstraitement. C'est ainsi que le mot « fourchette » éveille l'idée d'une synthèse de propriétés : forme, dureté, pénétration, qui sont communes à un certain nombre de corps. C'est une synthèse, abstraite de corps abstraits eux-mêmes, puisqu'une fourchette déterminée est une construction mentale abstraite des milieux où elle a été perçue.

Nous voyons ainsi les degrés d'abstraction se superposer les uns aux autres : Dans un ensemble de couverts en argent, chaque cuiller et chaque fourchette sont abstraits du milieu où on les considère ; les notions de cuiller et de fourchette sont deux synthèses de propriétés communes, soit aux cuillers, soit aux fourchettes ; la notion d'argent est une synthèse de propriétés communes aux cuillers et aux fourchettes. La comparaison de l'argent avec d'autres corps nous donne la notion de métal, synthèse de propriétés communes à des corps divers, etc...

Chacune de ces notions est abstraite par rapport à celles d'entre lesquelles elle est tirée, et concrète par rapport à celles qui en sont abstraites.

Et nous pouvons dire qu'à peu près toutes nos connaissances mentales sont liées ainsi les unes aux autres. Il n'y a que des abstractions relatives, chaque chose étant tirée d'un ensemble plus complexe et servant de base à des notions plus abstraites.

Par suite, l'abstraction est la principale méthode de la science *abstraite:* c'est rechercher ce qui est *constant* et *commun*. Spontanément, nous ne déterminons que la *constance*, c'est-à-dire ce qui impressionne *constamment*. Les deux cas sont d'ailleurs ramenés l'un à l'autre en constatant que la *constance* est la détermination des caractères *communs* à des sensations *successives*, et que les caractères *communs* sont ceux que l'on retrouve *constamment* dans la comparaison des sensations diverses.

Or, la science est l'ensemble des caractères communs à un plus ou moins grand nombre de faits ou de choses qui tombent sous nos sens Plus sont nombreux les éléments dont sont abstraits des caractères communs composant une science, plus cette science est étendue, plus elle est dite *abstraite*.

L'arithmétique étudie les propriétés abstraites des nombres et les relations qui les lient ; l'algèbre, s'occupant seulement de ces dernières, étudie leurs propriétés et les relations qui les lient elles-mêmes ; la géométrie étudie les propriétés abstraites des formes et leurs relations ; la trigonométrie étudie les relations abstraites qui lient les angles aux lignes ; la mécanique étudie les propriétés et les relations abstraites des pressions et des mouvements ; la biologie étudie les caractères abstraits de la vie ; l'histoire naturelle des végétaux et des animaux, les différencie d'après leurs caractères de plus en plus généraux.

On peut même dire que cette dernière science est le véritable type de la science abstraite, par les classifications abstraites qu'elle superpose suivant leur ordre de généralité décroissante : Embranchements, classes, ordres, familles, genres, races et individus.

En résumé, nous voyons que l'abstraction systématique est un procédé de détermination commun à toutes nos conceptions positives, et que son extension à tous les cas a seule permis à l'homme de se représenter la réalité avec une suffisante exactitude.

DÉDUCTION

Une suite de termes liés entre eux étant donnée, la *déduction* spontanée consiste en une liaison qui s'établit spontanément entre les deux termes extrêmes.

Les types parfaits de la déduction sont ce que nous appelons les *habitudes*, les *réflexes*, les *instincts*. Nous savons qu'un instinct est une liaison entre un sentiment et une habitude. Nous savons, d'autre part, qu'un sentiment est une liaison entre une synthèse de souvenirs et une impulsion.

La genèse de l'habitude ressort donc bien de ces définitions : sensation perçue rappelant un souvenir identique enregistré dans le souvenir, et celui-ci lié à une impulsion qu'il actionne vers un groupe musculaire *déterminé*.

Mais pour déterminer ce groupe musculaire, de nombreuses considérations sont intervenues. L'habitude qui fait que je porte spontanément la main à mon chapeau, lorsque je rencontre une personne de connaissance, résulte de ce que l'impression visuelle que me produit cette personne a rappelé au début le souvenir des relations qui nous lient, des devoirs de politesse que j'ai envers elle, de la manière dont je dois les manifester. Mais toute cette partie intermédiaire a disparu à mesure que nos relations se sont consolidées ; il ne reste que la liaison entre la sensation visuelle et le mouvement de la main, liaison spontanément établie et déterminant une action dans laquelle la volonté consciente n'a plus aucune part.

Et cela est si vrai, qu'en nous interrogeant nous constatons facilement que nous possédons simultanément les stades divers de cette habitude. L'habitude du salut militaire chez le vieux soldat est telle qu'il l'exécute sans même en avoir conscience ; de même, nous en faisons autant pour ceux que nous connaissons de longue date, et pour lesquels nous avons du respect. D'autre part, les connaissances banales ne rappellent cette synthèse que si nous avons parfaitement conscience de leur présence et des devoirs qui nous obligent à les saluer. Enfin, ne nous arrive-t-il pas quelquefois, à la vue d'une personne à peine connue, de nous demander si nous devons ou non la saluer, de nous remémorer en un instant toutes les raisons pour et contre, et quelquefois même, de nous décider pour l'expectative : attendons qu'elle commence !

Ce sont là des faits d'une banalité courante qui se présentent fréquemment. Est-il un acte plus spontané que de tendre la main à un ami intime ? Nous n'en avons même pas conscience : sa vue seule détermine le mouvement. Et, cependant, il n'en a pas toujours été ainsi. Il fut un temps où nous ne le connaissions pas, où sa vue ne déterminait aucun mouvement chez nous, et ce n'est que par une fréquentation prolongée que les raisons d'agir se sont multipliées, que son image s'est liées à notre synthèse *affection* et que la démonstration cordiale s'est jointe à la parole. Il y a donc eu là aussi synthèse, synthèse souvent complexe, à nombreux éléments tant simultanés que successifs, mais commençant par l'impression visuelle et finissant par la poignée de main, et qui a disparu progressivement en ne laissant que la liaison directe entre ces deux termes.

Le *réflexe* est encore plus caractéristique, puisque la réaction part du premier neurone d'association, éliminant toute la chaîne cérébrale. Se gratter, ce réflexe si simple qu'il fonctionne même pendant le sommeil, n'est cependant qu'un réflexe acquis. L'enfant ne sait pas se gratter, il l'apprend. Trop bien même, car quel mal n'a-t on pas par la suite à l'empêcher de se mettre les doigts dans nez ; ce n'est pas mauvaise volonté de sa part, mais *il ne s'en aperçoit pas.*

Enfin, l'*instinct* lui même, cette *raison fixée*, qu'est-ce, sinon la fixation dans l'espèce des relations vitales que l'expérience séculaire a consacrées comme étant les plus parfaites, après élimination des essais illimités qui présidèrent à leur naissance. En fait, on peut dire que la *déduction*, ainsi envisagée, est la condition de tout progrès, par la fixation des résultats obtenus, car s'il fallait, par exemple, que l'enfant refasse constamment l'étude de son équilibre, s'il n'y avait pas spontanément élimination de tous les essais infructueux, il ne saurait jamais marcher.

Si nous examinons maintenant spécialement le domaine de l'intelligence, nous voyons les mêmes procédés, des résultats identiques.

Quand nous disons 2 et 2 font 4, nous ne nous doutons guère de tout le travail de déduction que cette simple addition fait faire au cerveau de l'enfant. Il analyse d'abord que 2 c'est 1 et 1, puis se dit 2 et 1 font 3 ; 3 et 1 font 4, donc 2 et 2 font 4. Or, ce travail intermédiaire, nous l'avons tous fait en notre enfance ; mais qui s'en rappelle, tant il est bien éliminé ! Et cependant, toute la table d'addition n'est qu'un résultat de déductions identiques, de même que la table de multiplication, de même que les carrés, les cubes, etc...

Quand nous inculquons à l'enfant nos préjugés, nous ne lui donnons souvent aucune raison à l'appui de la liaison que nous déterminons en lui, et cependant il ne faut pas oublier que tout préjugé a une base mentale souvent extrêmement étendue, que les raisons qui l'ont fait admettre sont la plupart du temps nombreuses et importantes, et cependant qui y pense, quand il est soulevé ? N'agit-il pas comme une force aveugle en quelque sorte, tant toutes les causes de son établissement ont disparu de notre cerveau.

Il en est de même des règles de morale : combien peu de personnes seraient en mesure de donner les raisons qui présidèrent à leur formation !

La forme systématique de la déduction consiste en une vue claire de ce procédé mental et en son emploi conscient et voulu. L'arithmétique, l'algèbre, la géométrie, la mécanique, sont des sciences presque entièrement déductives.

Les procédés déductifs que leur étude a mis en lumière, consistent :

1° *A introduire la précision dans les liaisons déduites, à l'aide du comparatif d'égalité.* C'est ce procédé qui donne aux quatre sciences précitées leur rigoureuse précision et leur grande importance pratique.

En fait, deux liaisons seules peuvent donner lieu à déduction :

$$a = b = c = d, \text{ d'où } a = d, \text{ et}$$
$$a < b < c < d, \text{ d'ou } a < d, \text{ la première don-}$$

nant certitude et précision, la seconde donnant seulement certitude.

2° *A rechercher les éléments reliant entre eux deux éléments donnés,* entre lesquels il semble, au premier abord, n'exister aucune liaison.

Ce procédé constitue pour nous un des plus admirables moyens dont nous puissions disposer pour améliorer notre mentalité spontanée. C'est qu'en effet, dans une foule de cas où la mentalité spontanée ne nous donnait que des éléments indépendants les uns des autres, la recherche des liaisons intermédiaires a permis de relier entre eux ces divers éléments, de trouver par exemple qu'il y avait une relation constante entre une sphère et son rayon, entre les angles et leur sinus, entre les marées et les positions du

Soleil et de la Lune, entre le mouvement des planètes et la gravitation, entre la surface d'un triangle et ses côtés, etc...

3° enfin *à ramener à une relation simple une suite de relations complexes.*

C'est, en fait, la résolution des problèmes, c'est-à-dire la recherche de relations simples contenues implicitement dans un ensemble complexe de relations données. L'algèbre est l'admirable création du génie humain qui permet d'atteindre ce but, et grâce à laquelle un simple bachelier de nos jours résoud en quelques minutes des problèmes qui restèrent à jamais insolubles pour les plus grands savants de l'antiquité. C'est là la méthode incomparable que nous devons presque entièrement à l'emploi conscient et habilement dirigé de la déduction.

En résumé, ici comme toujours, nous ne faisons qu'appliquer consciemment la méthode spontanée en l'améliorant :

1° Par la réduction des comparaisons d'inégalité à des comparaisons d'égalité ;

2° Par la recherche de liaisons intermédiaires, là où l'observation spontanée n'en fournit pas ;

3° Par la recherche d'une relation simple remplaçant une suite de liaisons complexes.

RECTIFICATION

Nous venons d'étudier les divers procédés qui ont servi à former notre mentalité. Nous avons vu combien la compréhension nette de leur action nous avait permis d'agrandir le champ de leur activité, mais nous savons, d'autre part, que, par suite de la défectuosité de nos organes des sens, les renseignements qu'ils nous fournissent sur la réalité extérieure sont plus ou moins erronés. Il ne nous servirait donc à rien de posséder des moyens d'investigation plus parfaits, s'ils ne devaient nous fournir que des renseignements faux. Nous aurions une mentalité plus complète que la mentalité spontanée, mais aussi plus erronée.

Il était nécessaire que la rectification de nos erreurs se perfectionnât en même temps que les méthodes d'investigation.

Il faut donc dire que la rectification de toutes nos connaissances est l'un des buts principaux de notre activité mentale, on peut presque dire le plus important, car il est évident qu'une vue exacte de la réalité, qu'une connaissance exacte du milieu, sont les premières conditions de toute activité fructueuse. Aussi, pour atteindre ce but, faisons-nous concourir toutes nos forces mentales, tous les procédés que nous venons d'étudier. Observation, expérimentation, analyse, synthèse, abstraction, déduction sont utilisés tour à tour, au fur et à mesure des besoins, et c'est grâce à leur concours que la rectification systématique put acquérir le développement et la puissance nécessaires à la formation de la mentalité moderne.

Et si l'on était tenté de supposer que cette fois nous ne partons plus du domaine spontané dans notre construction systématique de la rectification, il suffirait de rappeler que la définition de la rectification spontanée est *liaisons constantes surgissant au-dessus des liaisons momentanées*, et que par conséquent le mot *liaison* implique forcément tous les procédés de l'activité mentale, puisque ce sont eux qui servent à les former.

On comprend dès lors l'importance prise par la rectification mentale, puisqu'elle n'est pas le perfectionnement d'une méthode cérébrale, mais qu'elle est formée par le concours de toutes les méthodes mentales.

Si nous étudions les procédés systématiques de rectification, nous voyons qu'ils concernent, soit les organes des sens, soit les résultats de l'observation, rectifiant les défectuosités des deux conditions, subjective et objective, de tout enregistrement mental.

Le premier de ces deux ordres de perfectionnement introduits par la rectification consciente concerne la méthode, et consiste à avoir une idée nette des déformations introduites par chacun de nos sens dans l'observation de la réalité. Dès lors chaque sensation subit la rectification nécessaire quand elle est passivement perçue, ou est perçue dans les meilleures conditions possibles d'exactitude quand elle est cherchée. C'est ainsi que quand je vois deux individus inégalement distants de moi, bien que le plus éloigné me paraisse beaucoup plus petit que l'autre, je repousse ce jugement en me rappelant que la taille diminue avec la distance, et j'attends qu'ils soient l'un près de l'autre pour les comparer. La rue au milieu de laquelle je suis me semble aller en se rétrécissant, mais je rejette cette opinion car je sais que les largeurs semblent diminuer en s'éloignant de moi.

D'un autre côté, si je veux voir la couleur d'un objet, j'ai soin de me placer dans un endroit suffisamment éclairé, éloigné de toute reverbération colorée, et je remue l'objet pour faire disparaître les reflets qui pourraient s'y produire. Bref, j'élimine toutes les causes connues d'erreur.

C'est ainsi qu'en fait nous n'acceptons pas mentalement une sensation sans la rectifier dans la mesure où la connaissance plus ou moins parfaite que nous avons de l'imperfection de nos sens nous permet de le faire.

Il est facile, dès lors, de se rendre compte quelle immense supériorité cette pratique nous donne sur la mentalité spontanée. Au lieu d'attendre que la répétition incessante des phénomènes fasse prédominer les sensations exactes sur les autres, nous obtenons du premier coup le résultat cherché.

De plus, dans tous les cas où la répétition incessante des phénomènes ne se produit pas, la rectification systématique seule peut former un jugement exact, toute rectification spontanée des erreurs d'une sensation perçue seulement une fois étant évidemment impossible.

On voit par là combien la connaissance précise des erreurs de perception est nécessaire à toute représentation exacte de la réalité.

Le second ordre de perfectionnement introduit dans la rectification concerne les résultats, ou, pourrait-on dire, le milieu.

Nous savons, en effet, que dans un ensemble que nous percevons d'un regard, par exemple, il y a une foule de corps qui ne sont pas liés ensemble et qui ne doivent qu'au hasard de s'être présentés simultanément à nos yeux. Et cependant ils se lient ensemble dans le souvenir de la même manière que les parties inséparables, et je ne puis faire la séparation de ces deux cas que par la répétition de l'observation primitive en des temps différents, la plupart des objets variables étant remplacés par d'autres, alors que les parties réellement liées se présentent toujours.

C'est là le mécanisme de l'abstraction, nous n'y reviendrons pas. Je me contente de le rappeler pour faire voir que la rectification systématique, pour remédier aux insuffisances de la rectification spontanée, n'a qu'à étendre ces procédés à tous les cas nécessaires, en :

1° *Détruisant toute fausse liaison* ;

2° *Renforçant les liaisons réelles* ;

3° *Créant les liaisons que l'observation spontanée n'a pu déterminer.*

1° La destruction des liaisons cérébrales, qui ne correspondent pas à la réalité, constitue, en quelque sorte, le nettoyage de notre cerveau.

C'est là un travail d'une importance capitale et sans lequel les notions exactes ne peuvent suffisamment surgir, écrasées qu'elles sont sous un amas d'illusions et de relations fausses.

Ce travail est d'autant plus important qu'il faut se rappeler, qu'en fait, nous ne percevons jamais rien isolément et qu'à chaque instant du jour les éléments des sensations de tout ordre qui nous sont fournies par nos sens sont liés cérébralement, soit simultanément, soit successivement.

On conçoit dès lors facilement que l'état spontané de la mentalité est le chaos, l'amoncellement infini de liaisons de toute nature, dont bien peu existent dans la réalité autrement qu'à l'état de pure contiguïté des éléments qui les ont fournis et sans qu'existe entre ceux-ci le moins du monde la liaison constante qu'y a mis le travail cérébral. Nous sommes donc bien fondés à dire que la destruction de ces erreurs constitue un des premiers devoirs de la rectification systématique.

Et tous nos efforts seraient impuissants à exécuter ce travail formidable si nous ne faisions converger vers ce but toutes les méthodes mentales systématiques que nous avons étudiées, depuis l'observation jusqu'à la déduction. C'est grâce à leur puissant concours que toutes les notions modernes purent être débarrassées des liaisons opposées qui semblaient les infirmer jusqu'alors.

L'impénétrabilité du volume des corps, qui se constate spontanément par l'impossibilité où nous sommes de pénétrer dans un corps solide, fut généralisée. D'abord, en faisant voir que toutes les liaisons qui semblent l'infirmer, ne l'infirment pas en réalité. C'est ainsi que quand un corps fuit sous notre pression, on constate que notre main ne le pénètre pas, qu'elle prend simplement sa place, et que le corps a toujours le même volume ; que lorsqu'on enfonce la main dans un corps creux, elle ne fait que déplacer l'air qui le remplissait ; que les corps liquides qui semblent être pénétrés par la main qui y plonge ne font en réalité que se déplacer et que, mis en vases clos, ils s'opposent eux aussi à toute pénétration ; que les corps gazeux se conduisent comme les liquides ; qu'un corps solide peut être réduit en poussière impalpable mais que chaque atome de poussière conserve toujours un certain volume et que le tas de poussière est au moins aussi gros que le volume primitif ; que les corps qui semblent diminuer de volume sont en réalité des corps poreux, c'est-à-dire contenant entre leurs parties solides des gaz qui s'échappent ; que la diminution de volume des gaz ne peut dépasser une certaine limite au-dessous de laquelle ils se liquéfient et deviennent alors d'un volume incompressible. Ensuite, en étendant cette propriété à toute synthèse qui, spontanément, semble ne pas la comporter, en constatant que dans la foule immense des corps qui se manifestent à nous par des sensations quelconques, tous ceux avec lesquels nous entrons en contact en sont doués; que les corps célestes, qui seuls se soustraient encore à notre contact direct, en sont néanmoins pourvus, par analogie avec la terre, par le tact des aérolithes, parce que leur masse est la condition de la mécanique céleste.

La science a ainsi prouvé qu'un volume impénétrable était la propriété fondamentale des corps, et de quelle façon? En détruisant les liaisons qui l'infirmaient.

Nous constatons, en mentalité spontanée, que les trois états solide, liquide et gazeux dépendent de la chaleur. L'eau est le type de la chose; quand il fait froid elle est solide, quand il fait chaud elle est liquide, quand on la met sur le feu elle se vaporise. Une foule d'autres corps nous présentent ce phénomène. La graisse, l'huile, le plomb, passent avec facilité de l'état solide à l'état liquide, et inversement. Mais, pour un nombre immense de corps, l'état dans lequel nous les percevons paraît indépendant de la température.

L'action de la science a consisté à faire voir qu'il n'en était rien et que le passage par les trois états, solide, liquide et gazeux, à l'aide d'une température convenable, était une propriété constante des corps. Successivement, tous les corps simples ont été réduits aux trois états, prouvant expérimentalement la réalité du fait. Qu'a fait encore ici la science? Généralisé une conception de la mentalité spontanée en détruisant les liaisons qui l'infirmaient.

D'autre part, il est certaines notions qui ne sont exactes que dans des limites plus ou moins restreintes, comme l'activité animale, par exemple. Or, agissant volontairement, nous étendons spontanément à tous les corps cette activité volontaire. Ce n'est que par des observations réitérées et depuis la connaissance suffisamment précise du système nerveux que l'on a pu constater que, seuls, les corps vivants qui en sont doués jouissent d'une activité volontaire et coordonnée analogue à la nôtre.

Enfin il est une foule de notions entièrement fausses qui ont besoin d'être détruites intégralement. Ce sont toutes celles dues à une simple coïncidence de perception. Telle

est la croyance à une influence des astres sur la vie sociale ;
que certains jours sont néfastes parce qu'à l'un d'eux s'est
passé un événement malheureux ; que certains objets portent bonheur, parce qu'un événement heureux a coïncidé
avec leur possession, etc... Ce sont là des liaisons qui doivent conserver le caractère fortuit de leur perception, être
soigneusement maintenues dans les conditions de durée et
de milieu où elles ont été perçues, et débarrassées du
caractère de constance dont les gratifie à tort notre mécanisme mental.

Il est facile de se rendre compte par ce qui précède de
l'importance et de l'étendue des élagations à opérer dans
notre mentalité. Il s'agit en effet de se débarrasser de tout
ce que nous appelons des superstitions, erreurs dont nous
comprenons maintenant la persistance à travers les siècles.

C'est que, ne nous lassons pas de le redire, elles se
forment *spontanément* dans le cerveau de l'homme, tandis
que la raison moderne est *acquise*, est le fruit d'une longue
élaboration et a besoin d'être *apprise*. Il y a lieu de faire
pour chaque intelligence le travail qu'a fait l'évolution
sociale dans la raison générale.

Il faut bien se pénétrer de l'idée que le cerveau humain
est spontanément confus, plein d'erreurs, et qu'une mentalité saine nécessite toujours un labeur opiniâtre, d'ailleurs aidé par l'hérédité et le milieu ambiant.

Et quand on réfléchit que ces erreurs mentales spontanées ont été la base de divagations innombrables, que
des fétiches du sauvage au Dieu des monothéistes il ne
s'agit que du développement illimité donné à l'application
spontanée de nos vertus, de nos vices et de nos caprices à
des synthèses, d'ailleurs réelles, comme les animaux sacrés
et les astres, ou imaginaires, comme les dieux de l'Olympe
et ceux du Paradis ; que le manque de liaison entre des
sensations de pression et des synthèses a donné lieu aux
Êtres immatériels, depuis les purs esprits jusqu'à l'âme
humaine, est la base de toute la philosophie spiritualiste ;
que l'astrologie, l'alchimie, toute la science des augures,
depuis celle des prêtres de Rome jusqu'à celle des tireuses
de cartes actuelles, repose sur la constance attribuée à des
coïncidences purement accidentelles, on conviendra que

l'œuvre est nécessaire et est le premier travail à effectuer quand nous voulons la constitution normale d'une saine mentalité.

2° Une fois ce nettoyage opéré, l'on conçoit combien les liaisons exactes ont gagné en clarté et en vigueur. Elles se sont renforcées de tout ce que les liaisons qui les contredisaient leur neutralisait d'énergie.

Il est cependant utile de les renforcer. C'est là l'office de l'observation volontaire, de l'expérimentation. C'est le but de l'éducation et de l'instruction, par la répétition suffisante des notions et des actes jusqu'à ce qu'ils soient solidement enregistrés.

Apprendre quelque chose n'est rien autre, en effet, que répéter cette chose jusqu'à ce qu'elle soit enregistrée dans le souvenir avec assez d'énergie pour pouvoir surgir à la moindre réquisition. C'est, en un mot, l'action volontaire de l'individu venant compléter consciemment, par une activité déterminée, l'insuffisance des enregistrements spontanés.

3° Mais l'instrument incomparable du progrès humain a été la possibilité, par un emploi habile des méthodes mentales, de trouver des liaisons que leur complication ou la défectuosité de nos sens dérobaient à notre mentalité spontanée.

Toute l'astronomie positive repose sur la découverte de la forme de la terre et de son double mouvement, découverte que l'exiguïté de notre taille par rapport aux dimensions de notre planète nous mettait dans l'impossibilité d'opérer spontanément, et qui est en opposition complète avec deux notions spontanées qui semblent douées de la plus grande exactitude : l'étendue toujours horizontale du sol et le mouvement du soleil.

Toute la géométrie est basée sur les relations constantes existant entre les volumes, les surfaces et des lignes déterminées, relations dont la complication a toujours empêché l'enregistrement spontané.

La découverte que tout mouvement est uniforme et rectiligne, ainsi que celle de l'indépendance des mouvements simultanés, bases de la mécanique, était si difficile à faire, qu'il a fallu près de cent ans de discussions et d'observations répétées pour faire adopter ces deux faits par les savants.

Toutes les découvertes de la physique sont du même ordre, et il suffit enfin de citer la chimie pour se rendre compte combien l'observation systématique a enrichi le cerveau humain de connaissances incomparablement plus précises, plus étendues et plus complètes que celles fournies par l'observation spontanée, même débarassée des fausses liaisons qui l'encombrent.

En fait, la science abstraite moderne, en laquelle consiste notre immense supériorité sur toute l'antiquité et sur des peuples si remarquables à tant d'autres égards, comme le peuple Chinois par exemple, est presque entièrement composée de liaisons, propriétés et relations, qui échappent complètement à l'observation spontanée.

En résumé, nous voyons que la rectification et l'augmentation de nos connaissances sont les grands buts poursuivis par la mentalité systématique.

Nous avons déterminé les méthodes employées par elle à cet effet ; nous avons vu qu'elles ne sont que le développement et l'amélioration des méthodes naturelles, et nous avons assisté aux procédés par lesquels l'emploi de ces méthodes permet d'atteindre le but désiré.

Il serait intéressant d'étudier maintenant les résultats de cette activité. Nous avons vu, à la fin de la mentalité spontanée, quel était l'état de nos connaissances à cette période de notre développement mental, qui correspond à la cérébralité d'un mammifère, d'un sauvage arriéré ou d'un jeune enfant. Il faudrait maintenant faire voir l'état de nos connaissances, telles que les a constituées, de nos jours, notre mentalité systématique.

Malheureusement, ce serait un travail prématuré. Il faut en effet constater, avec tristesse, que si les mentalités spontanées se ressemblent, tout au moins dans leurs grandes lignes, il n'en est pas de même des mentalités contemporaines.

Combien sont peu nombreux ceux dont le cerveau est suffisamment débarrassé des fausses liaisons et des constructions religieuses gigantesques qui y ont été greffées. Et cependant, nous venons de voir que c'est là la première condition nécessaire à toute représentation exacte de la réalité. Combien d'esprits, supérieurs à tant d'autres égards, mais enchaînés dans les mille liens de touffues métaphysiques ou d'arriérés déismes, se consument en efforts stériles, empêtrés qu'ils sont dans les mailles du puissant réseau dont ils n'ont pu ou su se débarrasser.

Même parmi ceux dont le nettoyage mental est complet, il en est bien peu dont les connaissances sont suffisamment coordonnées et qui ont remplacé par une systématisation mentale positive, les systématisations précises, bien que fictives, de nos ancêtres. Il ne faut pas oublier que le premier essai positif de coordination des sciences date de moins de cent ans, et que si à Auguste Comte revient l'impérissable gloire de l'avoir rédigé en des pages immortelles, il ne faut pas séparer de ce souvenir celui de la vive opposition qu'il rencontra, à ce sujet, au sein même du monde savant, tellement le cerveau de ses contemporains était peu préparé à ces conceptions, cependant mûres dans le cerveau social. Qui connaît ses lois de Philosophie Première, cette ébauche géniale des bases positives de toute mentalité ?

Nous sommes donc forcés de constater que la raison individuelle est actuellement en retard sur la raison générale. Si presque tous les éléments d'une saine mentalité existent à l'heure actuelle, ils sont épars, non coordonnés ; chaque individu n'en possède qu'une partie plus ou moins grande. Il nous est donc impossible d'établir la mentalité systématique moderne.

Autre chose est de dire ce qu'elle devrait être. Ce sera là l'objet de recherches ultérieures, mais sortant du cadre du présent travail.

Nous recherchions, en effet, les éléments communs à toutes les mentalités, et, ces éléments une fois déterminés, leur action sur l'intelligence. Or, je crois ce but pleinement atteint.

Par une analyse suffisante des sensations, nous avons déterminé les conditions de leur contribution à la synthèse mentale ; la détermination des procédés de l'activité cérébrale nous a donné la méthode employée par le cerveau pour l'utilisation desdites sensations ; à l'aide de ces deux séries d'éléments nous avons reconstruit là mentalité spontanée, et enfin nous avons vu, dans l'étude des méthodes mentales, comment celles-ci ne sont que l'application consciente des constantes de physiologie cérébrale. Nous avons donc bien là les éléments communs à toutes les mentalités.

Que le présent travail soit défectueux, cela est incontestable. Par la forme, souvent imparfaite, par le manque de développement de points importants, par l'exposition dogmatique où aucune place n'est faite à la discussion des opinions actuelles différentes, par le manque complet de développements historiques, il appelle bien des critiques. Je les reconnais comme absolument fondées, et je ne cherche mon excuse que dans l'ampleur du sujet, exigeant des élagations profondes pour ne pas être trop étendu, et sur la difficulté qu'il y a à faire la séparation entre ce qui revient à ceux que j'ai si largement mis à contribution et la part qui m'est personnelle. Au surplus, c'est là une tâche que le lecteur a faite spontanément, je n'en doute pas, et où sa compétence égale au moins la mienne. Que j'aie réussi à mettre en lumière certains points obscurs, à coordonner d'une façon suffisante beaucoup de notions éparses ci et là, à faire voir explicitement ce que nous ressentons tous implicitement, et je me trouverai payé au centuple des heures de méditation mises au service de l'Humanité.

TABLE DES MATIÈRES

———

TOURS, IMP. PAUL BOUSREZ

TOURS, IMPRIMERIE PAUL BOUSREZ

www.ingramcontent.com/pod-product-compliance
Lightning Source LLC
Chambersburg PA
CBHW061017280326
41935CB00009B/1008